爱育生命
向善而行

——一位班主任的心灵独白

孙雪静 / 著

首都师范大学出版社
CAPITAL NORMAL UNIVERSITY PRESS

图书在版编目（CIP）数据

爱育生命　向善而行：一位班主任的心灵独白 / 孙
雪静著. —北京：首都师范大学出版社，2022.5

ISBN 978-7-5656-5316-2

Ⅰ.①爱…　Ⅱ.①孙…　Ⅲ.①班主任工作—文集
Ⅳ.①G451.6-53

中国版本图书馆CIP数据核字（2019）第244377号

AIYU SHENGMING XIANGSHAN ERXING:YIWEI BANZHUREN DE XINLING DUBAI

爱育生命　向善而行：一位班主任的心灵独白

孙雪静◎著

责任编辑　李佳健

首都师范大学出版社出版发行

地　　址	北京西三环北路105号	
邮　　编	100048	
电　　话	68418523（总编室）　　68982468（发行部）	
网　　址	http://cnupn.cnu.edu.cn	
印　　刷	河北鑫彩博图印刷有限公司	
版　　次	2022年5月第1版	
印　　次	2022年5月第1次印刷	
开　　本	710 mm×1000 mm　　　1/16	
印　　张	13	
字　　数	198千字	
定　　价	42.80元	

序言
Preface

本书作者孙雪静老师是我校语文教师、语文学科组长、北京市"紫禁杯"优秀班主任评选活动一等奖获得者，她将自己多年从事教育教学工作的探索与研究编辑成书，请我为之作序，我欣然应诺。

孙老师是一名品德高尚、素养出众的优秀班主任。静时，能够春风化雨，润物无声；动时，能够点石成金，琢玉成器。她的一言一行、一举一动，都在潜移默化地影响着学生。

有人说，教师是青涩年华里最美的引路人，有一种情怀，有一种热爱；有人说，教师是用粉笔书写明媚四季的工匠，有一种信仰，有一种坚持；还有人说，教师都有一份责任心，无论鲜花还是荆棘，无论平坦还是泥泞，都会永远带着爱在路上前行。我认为这些比喻，放在孙老师身上再合适不过了。她欣赏每一个学生，耐心地倾听发自学生内心的声音，接纳学生的感受，包容学生的缺点，分享学生的喜悦，让每一名学生在自信中成长。她用一个眼神，一声问候，一个微笑，播撒给学生一份喜悦，一缕阳光，一点温暖。每一次作业的面批，每一次不经意的提问，每一次平等的交谈，都能在学生的心中荡起情感的涟漪。

本书便是她的班主任工作实录，更是她爱的结晶。这本书能够充分体现她对教师这个职业的热爱。她以教育叙事为主，以教育案例为辅，穿插个案分析，向读者讲述了她的班主任教育故事。

好的关系是彼此成全，好的教育是彼此滋养。读着这一个个故事，看着她与学生们一起成长，作为校长的我，陶醉在其中……教育需要更多优秀的班主任；班主任只有热爱生活，充满爱心，才能培养出更优秀的学生。

在未来的日子里，祝孙老师有快乐的生活，缤纷的人生！

陈秀珍

北京市和平街第一中学校长

北京市正高级教师、生物学科特级教师

2019年6月26日

目录
Contents

第一部分 春之萌芽

天地分化，万物降生；草木萌动，朝露有情。自然有其生长的规律，儿童有其成长的规律。教育是让自然更显自然，让孩子更像孩子。教育就是要关注生命本真，唤醒学生潜能，尊重学生个性，鼓舞学生向善而行，在自由中绽放自己。

第一章　春晖沐山河　万物始生长

第一节　爱能生爱　善可引善

潜能开发大师安东尼·罗宾在《唤醒心中的巨人》一书中说："每个人身上都蕴藏着一份特殊的才能。那份才能犹如一位熟睡的巨人，等待我们去唤醒。"对于我们教师而言，能够唤醒那"熟睡的巨人"的"才能"，我想就是——用心去陪伴个体，用爱支持整体，用活动提高效能；在管理中唤醒学生的自我组织能力，在体验中涵养生命状态。

一、构建人文性的课堂，传递爱和支持

我是一名班主任，也是一名语文教师，班会课和语文课都是我和学生一起共度的时光。语文学科是一门集工具性和人文性于一体的学科。课堂上，我不仅带着学生学习字、词、句、段、篇，更着力于传递文章所暗含的道理和启示，让课堂充满人文性。学生在《钓鱼的启示》中懂得了"慎独"；在《掌声》中感知到鼓励的力量；在《地震中的父与子》中感悟到父爱如山……在回答问题的过程中，很多学生会出现答错的情况，但我的容错率很高，所以学生都敢于表达自己的想法。对学生不懂的语文题，我会耐心地讲解，认真分析他们的思维路径，而不只是关注结果。在语文课上发现学生的优点我会及时给予肯定。

"老师，您知道吗？我妈总说我啰唆，但您每次都听我说完，并教会我如何说清楚。以前我怕别的同学笑我啰唆就不再回答问题。不过现在好多同学都说我说话简明多了。"金俊凯同学挠着头说。吴承瑶说："老师，上次习作中，同学们说我的文章有些难懂。但您说我的文章所表现的中心很明朗，可以试着在

通俗易懂方面做出改进，这样就会有更多的人喜欢我的文章了。这次我改了改，想读给大家听……"用欣赏的眼光看学生，学生的思维会更开阔。

班会课上，我和学生一起分析班级问题，坦诚而开放。班会课是教师深挖学生潜能、走进学生的德育主阵地。教师只有有爱心与恒心，有耐心与诚心，其教育才能适合儿童，才可能使孩子在尊重与信任中成长，且在此过程中感受到爱与支持。

二、组织班本化的活动，提高效能感和凝聚力

学生都对"小小植物园"感兴趣。于是，我们选出君子兰作为班花，精心养护，其暗含"君子谦谦，温和有礼，有才得志而不骄，居于谷底而不自卑"的精神。孩子们在养护班花的过程中形成了强烈的班级凝聚力和集体荣誉感。我们在学校楼顶建成约50m²的楼顶种植基地，将语文学科与科学学科相融合，这一活动我们坚持了三年，直到孩子们毕业。在这个过程中，我们将班花的成长和植物的种植过程记录成册，给彼此留下了美好的回忆。

现在，我陪伴另一届的一年级"小豆包"们成长。他们选择百合作为班花，和爸爸妈妈一起在学校的花坛中种下了300株百合花。把自己喜爱的植物搬到教室中去养护，在养护花草的过程中，培养了学生的耐心，让班级在爱和支持中有序发展。在美术教师的启发下，我们开始制作日记画，记录一花一草的生长过程，并在班会课上分享自己的感悟。我们的一位学生家长从事绘本制作工作，在家长大讲堂中，我巧用学生家长资源，让她带领孩子们展开《百合花》绘本制作。这一活动得到了我们的情感支持和正面肯定，孩子们在这个过程中，十分乐于参与。在各种校内外班级活动中，学生们慢慢提高了自己的效能感，这为我在后期唤醒学生的自我组织能力打下了坚实的基础。

三、营造弹性的管理氛围，唤醒学生的自我组织能力

不管是在课堂上，还是在集体活动中，我更关注孩子的思考过程，而不是只关注结果。不管是遇到语文学科问题还是种植中的问题，我都引导学生在班级中用合作、探究的方式找到解决问题的方法。我的指导因时而动，我循着学

生的思维路径层层分析，带领学生找到答案。"孙老师，我们课间在花坛中逮了好多蜗牛，我们的百合花被蜗牛吃了。"江畅自豪地说。"孙老师说了要尊重生命，我们把蜗牛放在学校的竹林里。"王添奕看到我担忧的表情后马上做出解释……

集体中，每个学生都应该有作管理者的体验。于是，我设置"值日班长"这一职位，学生轮流来当。在班级日常管理中"班干部轮换制"也让我发现了学生身上的很多优点，他们不仅做得好，还很有想法。"值日班长"的设置，让每个学生感受到自己的重要性，感受到自己在集体中是不可或缺的。在这样的氛围中，每个学生都尽心尽力，也在有序的班集体中对自己有更高要求，从而唤醒并构建起自我组织能力。

四、建立多维度的联结关系，涵养生命状态

为维系和谐的家校关系，我建立家委会，明确工作内容，使其发挥作用。建班之初，我向家长推荐了一些家长教育孩子的成功经验，同时也收集了一些家长们比较棘手的教育问题。一部分孩子总是贪玩儿不爱看书，通过交流讨论，家长一致认为需要循序渐进地帮助孩子养成乐于阅读的习惯。从内容上要选择孩子感兴趣的题材，并将独立阅读变成有效的亲子共读。除此之外，我积极进行家访，走近孩子，和家长一起探讨教育方法。

为构建良好的同伴关系，我将学生分成小组，学生在小组学习和活动中，学会沟通与合作，学会赏识他人和悦纳自己，携手共同进步。"孙老师，我们组的可欣善于绘画，郭郭喜欢写诗，我们一起完成了荐书海报的制作。"赵洋骄傲地告诉我他们组在合作中的表现。

所谓"亲其师，信其道"，师生关系尤为重要。为此，我积极建立民主的师生关系，互信互爱，教学相长。我积极和美术老师沟通，带领孩子制作"日记画"，让学生为自己想说的话配图，在画的下方记录生活中的点点滴滴。在分享的过程中，我们走进彼此，在"日记画"中，我有了一颗童心，学生则体悟到成长。"孙老师，我吃了你给的饼干，我很快乐！"全全是自闭症儿童，他饿了会去办公室找我，他的"日记画"是我们有效的沟通媒介。

我想，在持续而稳定的爱中长大的孩子会更好地绽放生命的光彩。爱能生爱，善可引善。我十分荣幸能参与他们的成长，我要用心陪伴，用爱支持，搭建活动平台，让孩子们积攒向上的力量。班主任工作中，我一直在为构建有序有爱有趣味的班集体而不断探索。做学生喜爱的班主任，一直是我努力的目标。我会不断学习，不断努力，帮助孩子们建立深厚的爱国情怀，养成高尚的品德修养，增长他们的知识、见识，使他们具有奋斗精神。

第二节　开启生命之旅

和煦的阳光亲吻着初春的大地，半山桃红铺开画卷，纯真孩童欢快地追逐斑驳树影。春种秋收，自然得无须多言，然将生命捧在手中看在眼里便有千千万万种姿态，于你是力量，于我是生长，于他，也许便成了自己。

迈着轻快的步子走向春天，让人欣喜的是以往活动中少见的爸爸们今天闪亮登场，与孩子们一起栽种三百株百合。孩子们说着笑着，小心翼翼地接过百合的根茎，生怕一不小心吵醒了午睡的花仙子。再看那步伐，那么轻，那么缓，此刻生命于他们而言就是一种守护吧！

栽种完毕，一个女孩儿感叹道："农民伯伯可真够辛苦的！"也许这便是活动本身带给她的感悟。一株株百合扎根在土壤中，积蓄破土的力量，也给孩子们传递成长的力量。当它们探出头来的那一刻，于孩子们而言将会是一种生命的突破。

昨天我和孩子们聊起守护百合的事情，今天欣喜地看到孩子们带来了提示牌，手巧，心思更巧。这个善良的举动让我想起了昨天的小梁卓。她认真地观察蚂蚁搬食物，由于实在不忍心看小蚂蚁那么辛苦，她将一只死去的大青虫放在了蚂蚁洞口。我们坐在一起探讨着这个行为是否合适，全班三分之二的孩子夸赞了梁卓的善良。她的确像极了田螺姑娘，总是在帮助同学和老师。另外三分之一的孩子认为欠妥，理由是蚂蚁出洞的那一刻会被虫子吓一跳。我笑了笑，不做评价，给孩子们讲了小海龟的故事，他们闪烁着光芒的眼睛让我知道他们听懂了。

孩子们做的各种各样的提示牌在他们眼中是一个个守护神。我把孩子们分成小组，大家分组去插牌子。问题来了，有的插不进土里，有的文字不醒目。别着急，看吧，孩子们在探讨如何改进了。顺势，我与孩子们聊起了如何做提示牌，孩子们已经在其功能性和美观性上开始深思。

每个孩子都是不一样的烟火，像百合花一样，积攒向上的力量，一朝怒放，便成了一片花海，同时也构成了烟花般的一束束光，形成我们密不可分、相互促进的班集体。

愿孩子们的成长像呼吸一样自然，每一根神经都是放松的；愿孩子们的品格如今天栽种的百合花，每一棵都有自己的根系；愿生命撼动生命，斗转星移，生命跃动的旋律永不停止。

第三节　小蜗牛的美食

春天是生长的季节，我们在料峭春风中栽种下300株百合花。每天，孩子们都去操场上看，期待着我们的小百合根茎快快长大。他们期待的眼神纯洁又强烈，看得我有些不忍。然而，生命有它自己的节律，除了静待它的生长，我们别无他法。

"我种的百合长出来了！"一声呐喊伴随着小睿的跳起打破了平静。孩子们纷纷跑过去看，小小的百合嫩芽钻出了土壤，顶端还带着一撮土，憨憨的样子显得很羞涩。接连几天，百合陆续都探出头来，长势喜人。

"孙老师，我们的百合被揪掉了！"一个孩子沮丧地说。

"我的也是！"气愤的声音传来了。

"怎么办啊，怎么办啊？我的百合要死了。"畅畅的焦虑已经无法抑制。

听了孩子们的话，我顿时也紧张起来。我们期待了半个月才长出来的嫩芽几乎一夜之间都受到了伤害。下了课，我赶忙出去查看，百合花的嫩叶几乎都变得残缺，但绝没有小朋友揪的痕迹。看情况，应该是某种虫子吃的。是什么虫子呢？我很费解。蹲下身，仔细查看每一株百合，没有在上边找到任何一条小虫。就在我要起身的时候，我发现了一只蜗牛，它趴在百合嫩叶上贪婪地啃着我们的"希望"。找到了罪魁祸首，我赶紧回班，和孩子们沟通，一起想解决的办法。

孩子们一听有蜗牛，立马想要奔出去，看看自己的百合花上是不是还趴着蜗牛。我阻止了他们，告诉他们蜗牛生活在潮湿的泥土里，这几天下雨，所以我们花坛中会有很多蜗牛。孩子们争先恐后地说，那就去逮蜗牛吧。

清早，孩子们开始寻找蜗牛，雨后的草地是蜗牛最爱的地方，他们无须移步，便能捉到三五只甚至更多的蜗牛。孩子们把它们统一放在一个大盒子里，密密麻麻的蜗牛让我看着有些不舒服。然而，想到孩子们徒手捉蜗牛，只为保护百合花的生长，我便没有表现出难受的表情。

盒子里的蜗牛数不胜数，目测至少有二三百只，可是怎么处理这些蜗牛呢，我和孩子们展开讨论。"蜗牛也是生命，我们不能让它的生命终结在我们手里。"我发表了自己的看法。

"那把它们放到其他的花坛吧。"

"那它们又得吃其他花坛的植物了。"有的孩子反驳道。

"我的确不知道该怎么办，但是我建议你们去问问科学老师，也许他有办法。"我引导道。

课间，孩子们派了两个代表去找科学老师。科学老师说："蜗牛最喜欢嫩芽，所以会吃百合。还有一点很重要，那就是百合刚破土，离地面很近，所以蜗牛就会去吃啦。学校有一处竹林，竹子都已经长高，试着把蜗牛放在竹林里吧，它们应该能共生。"

孩子们得到秘籍后，赶忙把蜗牛放生在竹林下。接下来的几天，总有早早到校的孩子，沿着花坛的边缘，仔细检查我们的百合上是否有蜗牛，并把目力所及的蜗牛都拾了起来，移放在竹林里。

因为孩子们向科学老师请教了蜗牛的安放问题，科学老师在观察小动物的单元带着孩子们展开了对蜗牛的观察。孩子们兴冲冲地请父母帮忙在矿泉水瓶上扎好让蜗牛呼吸的小孔，在花坛中找到蜗牛，放在自己的小瓶中。孩子们找到很多蜗牛，将一部分送给其他班级的小朋友，大家一起观察蜗牛。为期两周的观察实践，使他们增长了知识，也给他们带去了无限的乐趣。

我们和小蜗牛的一场缘分伴着五月的骄阳结束了，蜗牛的一生很短暂，当太阳暴晒的时候它们就会因为没有水分而干死，这是自然的规律，我们自不必悲伤，然而我们依然感谢它用有限的生命给了我们无限的收获。

第四节 惬意的花圃

沉睡的生命被料峭春风唤醒，散发着力量，向上再向上。一年之计在于春，春天动起来了，唱起来了，好不欢快！

陶醉在春天的气息里，孩子们跃动起来了，唱着、跳着、笑着、闹着，将春天的万紫千红捧进教室，装点着生活，安抚着浮躁。那绿枝新芽自然而然地生长，每一寸的伸展都融入孩子们期许的目光。

踏着春天的脚步，每一个孩子都带了一盆花到教室，有可爱的多肉、怒放的长寿花、优雅的兰花、净化空气的仙人球……

那一天，我们的教室变成了惬意的花圃。有着精灵般灵动双眸的孩子们纷纷和自己的"希望"合影，记录它们最初的模样。

植物有着能让人安静的力量，自从我们的教室变成了花圃，孩子们说话的声音都变小了，生怕吵到他们的花仙子。课间，孩子们的生活充实起来，有的在给自己的花修枝剪叶，有的在浇水，有的则把花搬出去晒太阳。他们小心翼翼地守护着自己的花，丝毫不敢怠慢。

时间轻轻悄悄地从我们身边溜走，孩子们的植物也发生着变化。诗雨的香水兰花过了花期，她感到很沮丧，不再去关注自己的花了。一周之后，兰花的叶子也枯萎了，慢慢变成了枯草的颜色。看到小伙伴们依然在照料着自己的花儿，诗雨失落极了。班会课上，孩子们分享着自己养护植物的快乐，诗雨却难过得一直低着头。

轮到诗雨分享的时候，她小声说："我的花死了。"同学们赶忙把目光投向花圃，找寻那一盆失去生命的花。

"有时候我们即便很努力，也不会成功。但是不努力，就一定不会成功。所以要平和处事，努力就好了。"我见诗雨很伤心，先安抚她的情绪。

"诗雨，你在对你心爱的兰花养护过程中是不是努力了？"我接着问。

"花谢了以后它像团杂草，我就没管它……"诗雨吞吞吐吐地说着。

"每一种花都有它的花期，如果我们期待着它再次开花，就要精心养护，让它健康地活着。你的花会非常感谢你的陪伴；相反，你如果放弃它，它也会像你一样伤心的。"

诗雨听懂了我的话，安静地坐下来了。我便又接着对其他孩子们说："诗雨的花和你们的花一样，都在咱们的花圃中，你们在养护自己的花时，是否看到了她的兰花已经缺水了？孙老师希望你们能彼此支持，让花圃越来越美丽，同时你们也要越来越团结，眼里不止看到自己的花，也要看到同学的花。"

那天放学，我看到诗雨把花抱回了家。第二天，她换了一盆新的花放在教室里。时至今日，她的花虽没有开花，但却被她养护得油绿油绿的。

对于低年级的孩子，让其实践体验远比给其讲道理有效。我希望在养花的过程中，孩子们能静心体悟跃动的生命。当然，我也希望孩子们在童真的年代能放肆地奔跑，大声地呼喊，专注地学习，也痛快地玩耍。

亲爱的孩子们，迎着春风跃动吧，百般红紫斗芬芳，和而不同最幽香！

第二章 "寒梅雅俏不争艳 奉迓春花次第开"

第一节 "'三位一体'引导学困生模式"的实践与思考

一、案例背景

2012年8月，学校安排我担任一年级（5）班的班主任，并担任（1）班和（5）班的语文教师。我积极分析教材，认真着手备课，对这份工作充满激情，但我马上发现了诸多问题。

二、案例问题

我班共有学生35名，有17名学生思维活跃，平时成绩和期末成绩都能保持在优秀水平；有10名学生相对踏实，虽然掌握知识的速度并不快，但经过师生的共同努力，在学习成绩上都能保持优秀；有7名学生思维能力相对弱，需要付出更多的努力，才能追赶上其他同学；另外还有1名学生极其特殊，从课上到课下，都是在捣乱。课上下坐位拿同学东西，去黑板上乱画；课下在楼道乱喊乱跑，甚至打同学。这名学生个人卫生方面也极差，永远是脏兮兮的，身上散发着臭汗味，没有一个学生愿意靠近他，和他成为朋友。我对其教育也很失败。在对他进行教育时，他总是看着我挑衅地笑，让人很是头疼。

三、问题解决

1. "三位一体"引导学困生模式

"三位"指教师、家长和同学，"一体"即学困生。我将这"三位"组成一个引导学困生的体系，有计划、有步骤地对大帅这个学困生进行引导教育。教师作为一个班级的指挥官，对班级管理起着举足轻重的作用，所以在对大帅的教育问题上，教师的力量是不可小觑的；家长在孩子成长的各个环节都有参与，所以及时和家长取得沟通，做到校内校外两头抓，也是必需的；班级是一个群体，大帅在班级中处于孤立地位，如果同学能接纳大帅，那将对大帅的成长具有强劲的推动和促进作用。所以，我给这种模式起了这样一个名字，即"三位一体"引导学困生模式。

2. "'三位一体'引导学困生模式"的实施途径

（1）先做容易做的事情

大帅每天脏兮兮地来上学，同学们都不喜欢靠近他。作为班主任，我认为这一点对大帅来说是容易改变的。我及时和大帅姥姥沟通，建议每天给孩子洗澡换衣服。

（2）因果相依，透析症结

大帅成为今天这个样子，一定有其特殊的原因。在无数次和大帅姥姥的沟通中，我终于得知真相。原来，大帅的妈妈智力有问题，连十元钱都不认识，在家吃东西都和儿子抢。大帅的爸爸每天打两份工，都是小时工，每天在家的时间只有一两个小时。而在这一两个小时里，他若对孩子不满意，就会拳打脚踢。只有他的姥姥每天陪着他，姥姥觉得孩子可怜，所以极其溺爱他，造成孩子现在这个样子。知道了这些，我心中油然生起一股心酸，孩子是没有错误的。他在爸爸冰山一样的严厉和姥姥烈火一样的肆意宠爱下，才成长为今天这个样子。

（3）教师——从生活到心灵做到处处关爱

大帅个子不矮，衣服紧紧地裹在身上，怎么看都不合身。有天放学，我带大帅去商场买了一套衣服送给他。大帅心中并没有丝毫触动，还是半分钟都坐不住，到处乱动。但是他的姥姥激动得哭了。通过这件事，大帅姥姥对我的工作很是配合，这就为家长这一"位"奠定了坚实的基础。

大帅的学习成绩非常差，因为他的家长在学习上帮不上他。于是我在放学后单独对他进行辅导，有时是一个小时，有时是三个小时。这样一来，他也能慢慢掌握基础知识了。休息时，我们也聊聊天，他总是有一搭没一搭地岔开话题，说些不知所云的事情。

（4）家长——自己的事情自己做

大帅的所有事情都是姥姥代劳，比如为他收拾书包、为他做饭、为他换衣服。所以，在没有姥姥的地方大帅总是邋里邋遢。他的座位周围永远散落着他的东西。如果这些东西哪天放在桌面和抽屉，倒显得他不正常了。他的书、铅笔、橡皮永远都是在他周围的地上，桌斗里则是各种垃圾。因此，我建议他的姥姥，让大帅每天的事情必须由自己来做。

（5）同学——接纳与宽容齐头并进

同学是一个学生学习的群体，每个孩子都需要来自这个群体的接纳和尊重。在他们看来，被同学喜欢是一种值得自豪的事情，其实这种被喜欢就是接纳和尊重。初接手这个班，我对学生们并没有任何了解。那段日子，我只是静静地看着每个孩子。慢慢地，我大概了解了班级构成——好动的、顽皮的、踏实的、聪明的孩子聚在一起组成了这个班级，他们每个人都能找到自己的玩伴。只有大帅一人，没有任何玩伴。同学们都离他远远的，只要他一过来，大家便不约而同地走开。大帅似乎已经习惯了这些，他依然乱跑乱撞。跑到张三那群，打一下别人便跑；跑到李四那群，大声吓一下别人便溜。他这种着轻惹重的孩子其实真的不让同伴喜欢，甚至同学们心中对他的厌恶已经根深蒂固。

在一次体育课上，大帅拿着跳绳把班上同学小轩给抽了。小轩哭着喊着被班委从操场上带回来。孩子刚一进办公室，我心中一颤，带这个班一年多了，从来没有出现过打架的现象。再一看小轩的脸，都被抽肿了，鼻子和脸肿得老高，这是用了多大的力气啊。我急忙把孩子带到校医室，联系了双方家长。大帅的爸爸说工作太忙，没时间到校。当大帅姥姥到校时，没有理我，第一句话是对小轩说的："你老拉我们来干什么？"小轩委屈地站着，我忙把他叫到我办公桌那儿坐下来。紧接着大帅姥姥说了第二句话："人家也打你了，但是你脸上没伤！"我站在原地，没有理睬她，她能说出这样的话，既护犊子，又不讲理，这种情况下，我跟她没什么可沟通的。当小轩家长到校时，体育老师也来到了办公室，说了这件事的缘由：大帅拿着跳绳在操场上疯狂地抽人，其他孩子跑得快，急忙躲闪，小轩因为身体原因（感统失调），根本不会跑，所以就被抽成了这样。

这件事让同学们对大帅厌恶至极，我也深知如果这件事情处理不妥，便会让大帅完全被孤立，很难再有改观。所以就这件事情，我在班上上了一节班会课，班会的主题很开放，就是对于这件事情，你怎么看。在我的引导下，大帅向小轩承认了错误，同学们也不再把矛头直指大帅。紧接着，我就大帅道歉的态度大加赞赏，让同学们觉得大帅也是有优点的。至此，同学们开始从心里接纳大帅。

四、案例反思

1.班主任对学困生要多一些支持和理解，多一些信任和鼓励

学困生是教师工作的重点和难点。学困生的心理脆弱、自卑感强，对学习缺乏信心，同时反抗意识强。对待学困生千万不能急躁，否则欲速则不达。教师给予学困生热情的帮助，精心的辅导，不失时机的表扬、鼓励，同时配以温和的态度，关心的语气，耐心的动作，是走进他们心灵的最好途径。

2.班主任对学困生要多一些耐心和宽容

转化学困生要有耐心。古人云："冰冻三尺，非一日之寒。"学困生的一些不良习惯，并非通过一两次交谈就能立竿见影的，也并非一朝一夕就能彻底消除、收到成效的。学困生转化是一项长期而艰巨的工作，需要一个较长的教育过程，其间可能还会遭遇其"旧病"复发，屡教屡犯。因此，作为班主任一定要有耐心，千万不能急躁，欲速而不达，只有坚持不懈，持之以恒，才能有所收获。当学生有悔过的表现时，要尽可能地给他一个改错的机会。惩戒，虽然可以起到处罚本人、教育他人的效果，但却是以牺牲学生的自尊为代价的，或许将影响学生一生，成为他们以后学习和生活中的沉重包袱。因此，当我们要对学生"惩戒"时，应该冷静地想一想，除此之外，还有没有更好的，同样能达到教育目的的教育方法。

有本杂志曾经登载过这么一则故事，在英国的一所小学，一个"捣蛋"学生，为了了解动物内脏情况，就和几个同学一起把校长心爱的狗给杀了。校长

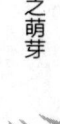

得知后很是生气，可他的处理方法却出人意料：罚他画一幅人体骨骼图和一幅血液循环图。这位学生知道自己惹了大祸，便认真地画好了两张图交给校长。校长见他认错态度较好，图形也画得不错，便免去对他的处罚，杀狗的事就这样了结了。后来，这位学生非常后悔自己的行为，从此发奋苦读。那位带头杀狗的学生就是后来成为诺贝尔奖获得者的大名鼎鼎的解剖学家麦克劳德。想当初，如果校长仅从个人恩怨出发，动辄给学生以惩戒，甚至将他们勒令出校，很可能也就断送了麦克劳德的前程。那位校长的做法告诉我们：作为班级管理者，班主任要有"大人不计小人过"的宽广胸怀，多给学生以宽容和爱抚。那种稍有错误便给学生以惩戒的所谓"杀一儆百"的传统教育模式应该摒弃，取而代之的是创造一种宽松和谐的教育氛围。

3.班主任对学困生要多一点细心

学困生转化是一项非常细致而复杂的工作，由于每个学生的具体情况都不尽相同，所以要注意细心观察，全面了解。要通过同学、任课教师、家长等多方面了解他们的情况，平时细心观察他们的一言一行，善于发现他们身上的闪光之处，并及时给予鼓励表扬。同时，要引导他们学习别人身上的优点和长处，认识自己的缺点和不足，从而树立自信心，奋发进取。

4.教师对学困生在教学要求上要降低标准

教师在教学要求上以统一的标准去衡量每位学生，不利于学生潜能的开发，不适合学生的全面发展。毕竟学困生的接受能力较差，要求他们同优等生一样学习以及达到成绩优秀的标准，既不可能实现，又会加深他们的"挫折感"。因此，对于学困生的教学要求，要适当降低标准，实行分层教学的策略，采取因材施教的教学方法。重在激发学困生学习兴趣，强化其学习意志，帮其养成良好的学习习惯。在作业练习的设计上，要分析学困生的接受能力，降低学困生作业的难度，让他们做较简易的习题。当学困生完成布置的学习任务，他们就会获得成功的满足感，对学习也就更有兴趣了。而当他们对学习有了兴趣，教师才能对其提出高阶的要求。

"一分耕耘，一分收获。"只要努力学习，就会有所进步。衡量学困生是否进步，教师不能采用评价优等生的标准，要认识到他们学习成绩的提高是一个循序渐进的过程，且会有反复进退的现象。教师要让学困生自己与自己比，拿过去与现在比，只要他们有一点进步，就要及时地鼓励。如一个学困生上次考20分，这次考30分，这时教师不能批评这都是低分，而要表扬他经过努力进步了10分。教师要客观地看待学困生与优等生之间的差距，分层次进行引导，以促使学困生取得新的进步，达到预期目的。

5.教师要在课外辅导上对学困生多下功夫

课堂教学是转化学困生的主阵地，改进课堂教学策略有利于学困生的转化。然而，学困生的接受能力毕竟较低，反应速度也慢，仅仅依靠课堂上教师的教授和讲解，远远不能让学困生掌握和巩固所学的知识，这就需要教师在课外加以辅导。

总之，学困生的转化工作是一项艰难、复杂和长期的工作，需要教师、学生、家长多方面密切配合才能够取得一定的成效。作为成年人，我们对待学困生不但要有爱心、耐心和恒心，更要有智慧、有方法。也许我们短时间内看不到想要的成果，鸟儿已经走过，但是天空没有留下飞翔的痕迹。学困生的成长也如鸟儿飞翔，不需要述说和彰显，一切都由自己掌控。自己的付出，一定会在将来的某个时刻以另外一种形式回馈自己，从而在塑造自身的过程中收获一个更好的自己。

第二节 自带生命光彩的"格鲁特"

每一滴露珠都能折射一点阳光，每一缕朝霞都能投影一方光亮，如清风般舒朗，如暮雪般剔透，如呼吸般自然。万物有灵，稚嫩的儿童更是灵动的精灵，当你走近他们，会感受到他们清澈的眸子里有一个干净、纯粹的世界。全全就是这样的一个小精灵，他悄然走进我的世界，让我得以参与他的成长，并为他的收获感到欣喜。

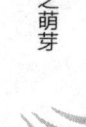

一、案例背景

全全，男，7岁，读一年级。全全从小由妈妈、姥姥和姥爷长期陪伴。父亲自营公司，经常在外出差，只有逢年过节或周末时才回家陪全全。母亲在全全上幼儿园时发现全全不能构建同伴关系和师生关系，随后辞职，全身心陪伴全全。

二、案例问题

开学报到时，他登高爬低、乱跑、不听大人的指令。入学初，他在课上高频次随意溜达、说话、唱歌、摇桌子，参与课堂的时间几乎为零。在与教师交谈中，他没有反应，既不对视，也不回应；他对同伴无攻击行为，但也不关注同伴和与他们交流。

三、问题分析

1.行为问题

（1）课上自言自语

全全的评估结果显示，由于他的唇部肌肉松弛，导致他上课高频次说话。专家提出让妈妈带全全进行唇部肌肉的专门锻炼。

（2）上课随意溜达

由于家长的娇惯，他没有规则意识，认知水平低，不能参与课堂学习。

（3）坐不住和喜欢依靠

由于全全神经系统发育不足，导致他坐不住、多动。神经系统的问题和肌肉力量不足等综合因素造成他喜欢靠在别人身上或可依靠的物体上。

2.情绪问题

评估结果显示，全全认知能力不足五岁孩子的水平，还处在幼儿期。全全的情绪会在某一时刻爆发出来，但是时候不多。这是因为全全的认知水平低于同伴，在沟通过程中，不能理解同伴所表达的意思，并且因为自己语言发育迟缓，不能将自己的想法正确表达出来。在写生字写累的时候，他会反抗，不想写。这是因为他控笔能力较弱。

3.人际交往问题

在构建同伴关系上，全全显得很吃力。同学和他说好几遍，他都没有回应。这一现象源于全全有自闭症谱系障碍问题。他在自己的世界里徜徉，在自己的"程序"中转，别人很难找到切入点进入他的"程序"。在构建师生关系上，全全也很吃力，注意力和理解能力弱，导致他不能完全理解教师说的话。

四、问题解决

1.专业评估

2017年10月家长带他到北大儿童发展中心进行了VB-MAPP评估，其分数是104分，属轻度发育迟缓。2018年1月在北医三院进行了格赛尔儿童发育评估，评估结果是"边缘状态"。2018年7月在北医三院又进行韦氏评估，分数是55分，分数等级为言语和操作能力发育轻度迟缓。

2.多方支持，共同制定IEP

IEP，即个别化教育计划。相较于普通儿童，特殊儿童的个性化需求更为鲜明，所需的教育服务和支持也要有更强的针对性。因此在特殊教育中，IEP发挥着关键作用。IEP是根据学生身心特征和实际需求拟订的针对每个有特殊需要儿童实施的教育方案。它既是对有特殊需要儿童的教育和身心全面发展的一个总体规划，又是对教师开展教育教学工作的指南。

我在朝阳区特教教研员李文荣老师的引领下，在学校领导的大力支持下，在全全入学两个月后，召开了关于全全的个别化教育计划研讨会。整整半天，区里的特教教研员，学校的校长、主任，全全的爸爸、妈妈，我（班主任）、任课老师，以及区内融合教育兼职教研员共同参与了这次会议。我们听从专家队伍的建议，根据全全的元认知，调整了IEP原有的长期目标和短期目标，让这份计划可操作、可测量性更强。

3.多措并举，解决行为问题

（1）关注对视

全全在与人沟通中，几乎不看别人的眼睛。我要求他每天进班，走到我身边用眼睛看着我，和我说"早上好"。最初他很难做到，径直走到自己的座

第一部分　春之萌芽

位上。我则跟过去，跟全全说："把手放我手上。"当他和我有肢体接触的时候，他的注意力会慢慢移到我身上，我一遍一遍地让他用眼睛看着我，说"早上好"。全全瞪大眼睛，用尽全身的力气看着我，然后大声说："孙老师，早上好！"说完马上就低头，我则拉一下他的小手，让他看着我对他的回应——我会在他关注到我的时候微笑，看着他的眼睛，温和地说："全全，早上好！"

就这样，我们每次说话我都要求他和我进行对视，让他观察我说话的表情，注意我说话的音量。直到一个月后的一天，全全主动走进教室，走到我身边，用眼睛看着我，轻轻地说："孙老师，早上好！"

在我的坚持和全全的努力下，我们变得越来越默契。看到他纯真的眸子能关注到别人时，我想到了小树人"格鲁特"。他的沟通也是迟缓的，但是他善良、向上、纯洁、可爱，在故事的最后被所有人喜爱。

（2）蹲走练习

在评估过程中，专家指出全全的脚腕外翻，暂时不适宜跑步。我们学校夏季会安排学生做课间操，冬季则是跑步。鉴于全全这种特殊情况，特教李老师建议让全全练习蹲走。我们依照李老师的建议，在让其他学生跑步时，让全全蹲走。细心的李老师发现全全手撑地，宽窄不一地走，这样达不到练习效果。在她的建议下，我马上买了两排小脚印贴图，征求领导同意后，在操场的一角贴上小脚印，在学生跑步时，陪伴全全进行蹲走练习。功夫不负有心人，全全在练习中腿部肌肉逐渐有了力量，也慢慢矫正了脚腕外翻的问题。

（3）声音复现

全全对声音非常敏感，上幼儿园时因接受不了广播的声音，会捂着耳朵大叫。我每次叫他，都要叫七八次，即便是这样，他也极少回应我，似乎我的声音和他无关。得不到任何反馈，我便只能观察他。他对妈妈的声音很熟悉，每次妈妈一叫他，他都能马上回应。我想他应该是挑音色选择听还是不听。基于这样的判断，我常在他身边说话，有时说给其他小朋友听，有时和他说，他依然没有什么反应。直到有一天，我让他把数学书拿出来，做好课前准备，反复说了五六次，依然未果。上课铃声马上就要响了，在我要离开的那一刻，全全慢悠悠地从书包里拿出数学书，放在桌子上。看到他慢了三分钟做出的动作，我特别兴奋，这代表他有能力听懂我说话了！

慢慢地，我叫他一遍，他便能回应我。就这样，我们的关系好了很多，他慢慢走近我，我也越发喜欢他。他还常来我办公室，给我唱歌。

（4）课堂参与

全全在课堂上的参与度很低，他的神经系统似乎屏蔽了外在的声音，但是他对我的声音却很熟悉。在语文课上他开始表现出有意注意。在提问的环节，我会给全全机会。慢慢地，他能站起来就回答问题，不再占用过多课堂的共有时间。我知道他和其他同学比起来，还有很大的差距，但是对于他自己来说，他已经在成长路上奔跑，他长足的进步让我看到希望，也让同学更喜欢他。

4.尊重陪伴，解决情绪问题

有一次，全全妈妈有事，一周不能陪他。第一天，全全安安稳稳地在自己的座位上坐着，全天没有一次下位随便走动的情况。上操的过程中，我在全全旁边批改看拼音写词语作业，他好奇地看着。我突然萌发让他帮我批改的念头。我慢慢地教他，从第一行第一个词语开始看，如果正确就在下方打一个对勾。如果错误就把错误的字用圆圈圈出来；如果都对，就在右上角成绩栏给小朋友写一个100分。因为今年教一年级，还没有尝试让孩子们互相批改看拼音写词语的作业。全全是第一个帮我批改词语的孩子！第一份稍显笨拙，因为他小手指用力不够，所以打出来的对勾轻重不一，大小不等。我肯定了他的批改没有错误，又握着他的小手批改了一份。从第三份开始，他独自帮我批改了12份词语作业，且每一张的对勾都打得很匀称。那天中午放学，他回家和妈妈主动说起了学校里的事情，妈妈激动地哭了。

整整一周，全全都表现得非常好。第三天的时候，"妈妈以后不用去学校了。"晚餐中，他突然间对妈妈说："孙老师比妈妈好。"妈妈特别惊讶，接着问："孙老师哪儿比妈妈好？"全全放下手中的餐具，用右手捶着自己的左胸，一字一句地说："这儿比你好！"全家都笑了。妈妈把这个消息发给我，我顿时笑得前仰后合。我知道相信他的能力是一种尊重，他在被尊重的心理体验中尝试着让自己长本领。从他的话语中，我更能体会到，他像我接纳他一样，已经接纳了我。

5.互帮互助，解决同伴关系

（1）召开主题班会

在对孩子们的引导上，我一视同仁。但是基于全全的特殊性，我们整个班为全全开过一次班会，我们就如何尊重和陪伴全全的问题进行讨论。孩子们既不歧视他，也不过度帮助他，好几个孩子都跑过去想和全全交朋友。

学校要求一年级分批次加入少年先锋队，第一批的比例是全班的40%，这样算起来，我们班有17名孩子能在今年的"六一"入队。按照流程，孩子们认真准备入队申请书，将申请书背熟在全班进行展示。后由全体学生和所有科任老师选出最优秀的17名学生加入少先队组织。全全也在妈妈的陪伴下严肃地对待这件事情，一本正经地申请加入少年先锋队。投票中，全全以高票当选少先队员。我很欣慰，全全不仅被集体接纳和包容，还被这个集体深深地爱着。我们整个班集体都尊重和陪伴他，让他更好地融入班集体。从另外一个角度看，全全让同学更有担当，他们除了要保护好自己，更要保护好全全。作为班主任，我很感谢和全全的相遇，他本身是个小精灵，带给我快乐，他又在集体中让其他小伙伴时刻有种保护他的责任感。

（2）参与班级活动

春天是万物生长的季节，我们在初春时节种下300株百合花。全全也参与其中，在分小组养护的过程中，同学们发现百合花被蜗牛吃掉了，决定捉蜗牛。孩子们去请教科学老师，询问如何安放捉住的蜗牛。科学老师说学校有一处竹林，竹子都已经长高，可以把蜗牛放在竹林里，它们应该能共生。

孩子们得到答复后，分小组把蜗牛放生在竹林里，全全的小组也没有丢下他，都会慢一些等着全全跟上去。因为孩子们向科学老师请教蜗牛的安放问题，于是科学老师在观察小动物的单元带着孩子们展开了对蜗牛的观察。全全也有一只属于自己的蜗牛，他下午外出时，还把自己的蜗牛拜托给同桌养。他和同学们的交集慢慢多起来。

五、案例反思

1.收效

（1）安静听讲

全全在校内外进行的口部训练和核心力量训练，使他不再自言自语，上课也能够保持安静，不打扰他人，也让自己有所收获。从他时常发出声音到现在的能安静坐半天，并知道在课间的时候喝水、上厕所，这都是我们家、校共同努力的结果。同伴看到全全的变化，也更愿意和全全沟通，全全慢慢萌生了自信的种子。

2.学业成绩

全全认知能力提升较快，尤其显现在数学学科上，老师讲一遍例题，他便能独立完成。在专注度上，他从整节课、整天都游离在课堂之外，到现在能进行短时间追随，从最初追随只能保持一分钟左右，到现在能坚持三分钟甚至五分钟，而且专注听讲的频次也在增加。最初的单元检测都是全全妈妈陪着他做，现在全全能够独立做题，而且学业成绩均达到优。

2.反思

（1）提供支持。在全全的教育中，我秉承所有支持均为孩子自主发展服务的理念，所以，我不怕麻烦。在熟悉全全后，我让全全独自上课，独自收拾书包，独自做好课前准备，哪怕慢一些，我也愿意去等。我希望有一天，他独自走开，会用背影告诉我：不必追。

2.因势利导。当下，全全能遵守课堂纪律，学业成绩均属优良，我应该把着力点放在全全和集体的融合上，帮助他构建良好的同伴关系，培养他的自信。在各种班级活动的大事小情上，我帮助全全和这个集体更好地融合。

全全像极了《银河护卫队》中的小格鲁特。他思想单纯而可爱，他循着自己的节律，努力向上，并在这一过程中，带给我无穷的童趣。

第三节　矮树枝

一、案例背景

前段时间在微信上看到了一篇母亲教育孩子的感人故事。故事的梗概是：一位妈妈耐心陪伴从小就被别人当反面教材的儿子的成长，不拿自己的孩子和他人攀比，以孩子的点滴进步为骄傲，即使儿子最后只是一名汽车修理工。文章用了一句土耳其谚语作为结束语：上帝为每一只笨鸟都准备了一个矮树枝。这句话让我思考良久，也让我由此联想到随读生的教育，那些随读生所缺失的正是一个个矮树枝。

二、案例问题

李同学，个子高高的，是一个黑黑瘦瘦的11岁男孩，不善言辞。

学期伊始，李同学还是比较稳定的。可是时间稍长一些后，他就开始自由散漫，学习习惯很不好，课上坐没坐样，站没站样，学习没兴趣，课上全然一副"两耳不闻窗外事"的模样，对老师讲的课呈现出一种漠不关心的态度。他还很贪玩，经常不按时完成作业。我单独辅导时他总表现出完全不知所云的样子。仔细观察他的作业我发现，除了死记硬背的基础性知识外，其他知识都会让他变得迷茫。

二、案例问题分析

1.教师原因

随班就读学生的教育，是比较容易被人忽视的。教师们的工作强度很大，带两个班的孩子学习，每天都在学生中穿梭，不是讲题便是改错，没有过多时间和精力放在随读生上。还有一点就是，教师们在教育随读生的过程中很难看到希望，所以对于随读的孩子也是心有余而力不足。由于李同学长期处于备受冷落的状态，于是他自己告诉自己：学与不学一个样，班上有我没我一个样。

2.家长原因

孩子们变好或变坏和他们受到的教育有关，有个词叫"先入为主"，所以父母是孩子的第一任老师。我们希望子女成龙，首先就要尽父母的职责。可是部分文化水平稍低的家长却没有发挥自己在孩子成长和教育中应起的作用。我们从家长处调查了解到：由于五六岁的一次交通事故，李同学从摩托车上摔下来，大脑受到损伤，从此智力受到影响。聪明活泼的孩子变成了一个智商稍弱的孩子。李同学的父母自身均是小学文化水平，对孩子原本就没有太高的期望值。加之此次事故，家人更是从此对其各方面都降低了要求，任其自由发展。父母远在郊区养鱼，十天半个月回不了一次家。他长期与爷爷奶奶共同生活，养成了懒散的性格。李同学的父母在知道了孩子的智力问题后，对孩子的发展呈现听之任之的漠然态度，严重影响了李同学的进一步发展。

3.学生自身原因

李同学缺乏上进心，没有前行的目标和方向。小学阶段，培养小学生的自我认同感是教育的重点培养目标之一。而要培养小学生的自我认同感，首先就要培养其自尊和自信。因为自尊和自信是一个人有良好心理素质的基础。只有孩子认为自己是优秀的，值得别人尊重，他才会朝着目标中的"更优秀"发展。

四、问题解决

1.树立自信

法国作家罗兰说过："要撒播阳光到别人心中，总得自己心中有阳光。"我想，我们每个教师的师德就如同这"阳光"。俗话说："亲其师，信其道；信其道，则循其步。"

在以后的日子里，我随时注意他的一举一动。我发现他总是不合群，上课听讲很不认真，从不主动举手回答问题，作业拖拖拉拉，上学带的东西也丢三落四，心情不好的时候还会和同学"干一仗"。在集体活动中他也表现出消极的态度，拒绝老师的正确教育；甚至敌视老师，明知老师说的对也不听，批评的有理也不接受。遇到这样的情况，我只是提醒他，没有表现出过多的愤怒和指责。我一定要找到适合他的方法之后才可以"行动"。

我细心观察、揣摩。机会来了。一次语文课学习《画杨桃》一课时，我提出一个问题："你喜欢这位老师吗？为什么？"正当我扫视全班时，我看到他的手怯生生地举了起来，我及时把握住这个来之不易的机会，说道："李同学你来试试。"他颤悠悠地拿起自己的预习本。我知道这是他第一次主动举手回答问题，缺乏必要的胆量。于是我适时鼓励道："大胆点，表达自己的想法即可。"并冲他点点头，以示肯定。他回答道："我喜欢这位老师，因为她不偏心，客观公正，一视同仁，为人正直。"全班随即爆发出一阵热烈的掌声。他是在回答问题，更是在表达自己的想法，且渴望得到关注。我当众表扬了他。自此以后的语文课，他主动举手的次数越来越多，课上也能和小组成员一起讨论问题了。看着他悄然地融入班集体，和其他同学一样平等地享受学习的权利时，我喜上眉梢。

如果随读学生切实感受到教师是真心实意地关心、爱护他们，尊重、信任他们，他们就会对教师产生肯定认同的感情，认为"这是个好老师"，并表现出积极的态度，亲近、信赖、尊敬老师，虚心听取老师的教诲，乐于接受老师的帮助、指导，自觉自愿听从老师严格的要求与管理；反之则不然。因此要从诸多小事中，潜移默化地把他们一步步引上预定轨道，让他们自信并快乐着。

2.激励引导

苏霍姆林斯基曾说过："只有能激发学生进行自我教育的教育才是真正的教育。"古代名言"移风易俗，莫善于乐"的意思是要改变陋习，要树立新的风气、风俗，最好的办法是通过娱乐活动，即"寓教于乐"。

李同学在校唯一的爱好是玩篮球，但他说脏话过多导致其他伙伴比较厌烦他。我抓住这个机会，与其约定，如果能坚持半天不说脏话，中午休息时间可以去操场玩15分钟篮球。在他有了进步后，我将约定改为：要能坚持一天不说脏话，下午的大课间时间可以去操场玩20分钟篮球。众所周知，"人心齐，泰山移"，在对他的教育过程中，我充分调动其他同学的配合。特别是在玩篮球的过程中，如果李某说脏话就及时提醒他，并在全班制定了本班特有的《篮球规则》。提醒超过5次，就要被罚下场，两天禁赛。刚开始被罚下场时，他只知道懊恼，自己站在操场的角落里挠头、跺脚、乱发脾气。后来同学们提醒他要去找老师承认错误。被罚下场两次后，他怯生生地找到我。从他的眼神中我看出了悔过，尽管他不能清晰地表达自己的歉意。于是我微笑着告诉他：你一定能改掉说脏话的坏毛病的！透过他的目光，我看到了决心。

一段时间后，李同学果然有了明显的进步。于是我便利用晨会表扬他，并把他的进步告诉家长。从此以后我们班上又多了一个体育的积极分子，在学校举行的跳绳、长跑比赛中，李同学屡获战功。借此机会我还引导李同学认识到，自己也像别的同学一样，有优点。先肯定他的某一方面，然后按照"以点带面"的方法开展其他工作。此后，他在各方面都有了较明显的进步，例如，做练习题时能追着我为他批改，和同学相处变得友善了，家庭作业能按时完成了……他的表现让全班同学刮目相看。

激励对一个孩子的成长有着奇妙的作用。它可使虚弱变为强壮，使恐惧变为无畏，使暴躁变为沉着，使失败变为成功。可见，激励教育是促使孩子奋发向上的一种内动力，即便是智力发展稍弱的学生，激励也能使他自尊自信。

五、案例反思

现在的李同学已经顺利升入中学了，而且还进入学校的运动队，偶尔在校外碰面，他都会热情跑过来和我打招呼，聊聊近况。

马斯洛提出了人本主义理论，认为教育必须以人为本，以学生为主体，真正地实现人性化教育。

这件事后我总在想：一个教师永远不要让学生内心深处积极向上的愿望破灭，一定要用教育的力量把每一个学生塑造成为有用的人。这虽然要花很多精力，花费很多时间，费很多心思，但这是非常值得的。一个学生，如果长期得不到教师的爱，得不到关怀和注意，就等于抹杀了他的优点，否定了他的存在，其个性就会受到压抑，形成病态心理。只有教师真心地喜爱每一个学生，努力挖掘教育他们的契机，才可以让他们向善而行。没有爱，就搞不好教育。对随班就读教育来说，也是一样的。只有每位教师心中都有爱，为随读学生建立关怀、平等、包容、和谐的学习生活氛围，才能促进学生的全面发展。

让我们一起携手努力，为更多的随读"丑小鸭"创造飞跃的空间，准备一个个矮树枝，随时迎接他们的降落，感受教育带给我们的幸福吧！

第四节 当水滴回到大海

在科技、教育日益发展的今天，致力于一线教育规律研究的我来说，越来越感受到学生中个性化群体队伍的日益壮大。如何应对越来越多的个性化群体，是摆在我们教育者面前的一个难题，而我很愿意做这方面的研究与探索，以期从中发现规律性的方式与方法、途径与策略，进而更好地在日常教育教学中践行社会主义核心价值观的内容。

教育对学生中的个别群体，同样蕴藏着无限的可能。一张笑脸会抚慰一个寂寞的心灵，一个激励的眼神会打消一个学生心中的顾虑，一个暗示的动作会掘开一汪智慧的泉水，一句劝勉的话语会滋润干涸的心田。

我们班的小吕同学是典型的"幼稚型"儿童，以自我为中心、不会与他人和谐相处，在他的内心世界里，不允许他人行为不合他意。一旦出现问题，他就会用不理智的言行来"保护"自己，或者举着手说一些"我要把你干掉"之类的话，或者突然间就和别人动起手来，时常怒火冲天。面对这样的学生，我知道他生活得很焦虑，如何将他从焦虑中解救出来，是我需要思考的问题。

小吕同学英语成绩很优秀，于是我就利用他的这个优势故意在同学面前向他"请教"英语题，故意在同学面前和他用英语进行简单交流。小吕的表现让同学们瞠目结舌，佩服得不得了，我顺势引导同学们向他学习。自己突然成了同学们学习的榜样，小吕兴奋地说："我要好好表现，因为我是同学的榜样了。""加油！"在我的引领下，教室里响起了一阵热烈的掌声。接下来，我告诉学生们，小吕自我控制能力可能暂时不如大家，但是只要同学们愿意帮助他，相信他很快会和同学们一样棒的！听了我的话，同学们个个跃跃欲试。

实践表明，我对小吕同学的教育是十分有效的。当小吕在教室内与同学再次出现矛盾时，大多数同学都不笑话他啦。课余时间，同学们都能主动和他玩，还主动把自己的学具借给他。

可是，面对同学们的小热情，小吕却有些不适应了，还说："他们这是在给老师看呢。"于是，我就给他讲同学们的真诚。小吕不会倾听别人发言，爱随便插话，我就利用他善察言观色的特点，运用暗示法，给他一个手势的示意，让他安静下来。为了消除他易怒的心理，除了做他的工作，我也经常用手势示意其他同学和小吕友好相处。每当小吕控制住一次自己的情绪，我会马上表扬他，有时候还会给他一个拥抱。慢慢地，放学时，小吕有时也会给我一个爱心满满的拥抱，微笑向我道别，我想这就是他信任我的结果吧！

当然，"立竿见影"的教育是不可能的，在对小吕实施教育的过程中，也多次出现反复的现象。但我并没有灰心，而是用爱心、耐心、恒心、诚心对小吕实施教育。现在，他已经能基本控制住自己的情绪，也渐渐适应了学校生活，不仅能自觉遵守纪律，还当上了班里的值周生。

从这件小事中，我深深地体会到：只有教师深挖学生潜能，具有爱心与恒心、耐心与诚心，走近并走进学生，其教育才能适合儿童，才能使儿童找到自尊与自信；师生间才能彼此信任，彼此尊重，从而建立起融洽的师生关系，使师生和谐友好地相处。

在对小吕的教育中，我深深体会到，一个孩子必须回归集体，受集体氛围的感染，才能带动他，使他呈良性发展。正如一滴水离开大海很快便干涸一样，只有将水滴送回大海才能让它永葆生命的活力。

第三章 春韵织灵绪 漫舞随心去

第一节 诗与远方

郭郭同学喜爱写诗。诗情画意的孩子往往都很感性，然而郭郭却是感性和理性完美结合型。他是我班班长，我们的班委全部由学生推选，而他一干就是六年。同学们亲切地叫他"法官"，这个绰号和爱写诗的他是不是相距十万八千里？不错，他就是这样的一个人，对于学习，努力又严谨，有着思考的张力和归纳的逻辑，成绩对于他来说只是信手拈来罢了。他常写诗，喜欢创作，班里有很多他的粉丝，他们常聚在一起读着郭郭的诗。

最初他的诗稍显生涩，但用笔却很值得推敲。

爆竹声声 春意浓浓

春节到，

街道十分热闹。

夜晚家家点烟花，

白天人人放鞭炮。

谁人不说妙？

毕业的时候，他写了一首关于班花的诗赠予我：

咏君子兰

红瓣黄心群吐艳，绿屏墨障衬旁边。

叶之功劳不可没，熟置花于青茎尖？

我们班每周都会安排一节语文课进行"朗读者"活动。起初，孩子们找各种名篇，入情入境地读着那些跳跃着生命灵动的文字。我常坐在教室一角，成为一个倾听者，听他们说对于文章的感悟，对于某句话的欣赏和共鸣。慢慢地，他们不再满足于名家名篇，开始创作，把内心所思所想记录下来。

第一次发表自己的作品时，郭郭已经攒了好几首自己写的诗，他找到我，问我能不能读自己的文章。我满心期待，欣然答应。那一刻，我真的很欣喜，他们的尝试让我看到他们的进步。

那一节朗读者的分享，郭郭是第一个。他先表达了自己对诗的喜爱，然后读了自己写的诗，最后请同学们点评。同学们开始斟酌每一个字，那个场面热烈又有序。六年的时间里，郭郭写了无数首诗，为班级带来无限的乐趣，也带动了一大批同学和他一起搞起了创作。小小的他们还稍显青涩，但是每一棵高大的松树不都有过很小、很丑的时候吗？

从郭郭的发展中，我更加确信自己的教育理念，对一个人的成长，尊重和陪伴是不变的教育规律。后来，他还给自己的诗歌配图，让诗歌别有一番风味。同学们在和郭郭的切磋中，也开始喜欢上诗歌。在他们三五成群的诵读声中、欢笑声中，我仿佛看到他们诗的远方！

第二节　自制"食玩包"

小昱是个优雅的女孩儿，喜欢静静地画画。一次偶然上网的时候，一个网友介绍给她一个自制"食玩包"。漂亮的手绘外包装，精美的卡片图案让她热血沸腾。于是，她对"食玩包"产生了浓厚的兴趣。小昱常随家人出游，出国旅行时都买过"食玩包"，一般都是塑料包装的。但是，自己制作"食玩包"，手绘封面她还真没有尝试过。于是，她开始手绘自制"食玩包"，还挂在网上销售，拥有了一个备受同龄孩子喜爱的小店。

因为小昱常在课间制作"食玩包"，同学们纷纷前去观看她精湛的画工，对"食玩包"也越发感兴趣。在一节班会课上，我请小昱为大家介绍大家都感兴趣的"食玩包"。

小昱娓娓道来：

首先，我给大家介绍一下何为"食玩"。"食玩"一词本身是从日本传来的说法，"食玩"简单来说就是附带食品的玩具，英文名为"Candy Toys"，或"Candy Food"，日文名为"キャンティトイ"，在日本叫"玩果子"。一些国内快餐店将儿童餐所附赠的玩具也称为"食玩"，而这类玩具其实应该称为"Fast Food Toys"。"食玩"在日本的受欢迎程度不亚于扭蛋，而且历史悠久，甚至有人认为"食玩"就是随食品发售的扭蛋。一个典型的"食玩"有一个印刷精美的包装，里面装有糖果、玩具和说明书，糖果上一般会有相关的玩具标识。有些"食玩"除了说明书外，还附有玩具收藏卡。"食玩"包装盒上除了印有精美的玩具内容外，还有糖果的成分说明、产地和保质期。早期附送的玩具是糖果的促销赠品，后来玩具渐渐占据主导地位，食品反而成了陪衬。"食玩"的玩具花样繁多，成套成系列，不过却比扭蛋大大增加了透明度；即使看不到里面玩具的样子，包装上也会注明款式可供挑选。这也许就是小朋友们特别喜欢它的原因。

通过以上的介绍大家兴许也是蠢蠢欲动，想买个"食玩包"来玩玩吧？我个人也是"食玩"爱好者。我买来各式各样的"食玩"，来玩，来研究。我本人一直都很喜欢绘画，尤其是画动漫人物。我想，何不自己动手制作自己的"食玩包"呢！最终我决定自己制作"食玩包"，以玩会友建立自己的粉丝群。

"食玩包"的重点在于外包装的精美，这就可以彰显我绘画的功底了。我从网上搜集各种动漫人物的画法特点，并记录他们的名字及性格特点，再加上自己对人物的理解，就能在一个"食玩包"封面上绘制一个栩栩如生的动漫人物了。制作了几个"食玩包"后，我把我想销售"食玩包"的想法告诉了妈妈。妈妈说，咱就挂在"闲鱼"上销售吧。"食玩包"上架给我又出了道难题。首先，要注册账号上传个人信息。由于我未满十六周岁，也没有银行卡，所以，妈妈用她的个人信息和银行卡帮我注册了一个账号。然后，就是给"食玩"拍照。因为有的时候绘制完一个"食玩包"已经很晚，光线不好导致拍的照片灰暗，于是妈妈又交给我怎么使用"P图"软件。给照片提亮，即使我想晚上上传"食玩包"也可以完美地进行了。再有，就是上传"食玩包"的图片。这个是有讲究的。首先要把"食玩包"正面放在第一张，这样顾客第一眼看到的就是我的"食玩包"外观。然后，再上传"食玩包"背面，上面要注明"食玩包"内容及抽奖信息等。最好将"食玩包"里的内容分门别类，整齐码放好再拍一张照片（赠品和抽奖奖品可以不用上传），定好价格和运费金额，录入完整的信息。这样，一个完整的"食玩包"上架程序就完成了。刚开始，我每天盯着手机，给买家们回复各种咨询并给他们做"食玩"的讲解。于是，过了一些日子也没有一个买家下单，我很是失望！难道，我画的人物大家都不喜欢？还是"食玩包"的内容不够新颖？妈妈对我说："你除了要精心绘画封面外，还要把内容介绍清楚，价格要合理。咱不为挣钱，只要让朋友们喜欢上你的作品你就成功了。"就这样，我依然坚持创作。一天，妈妈接我放学的时候告诉我，一个粉丝已经下单了，说她很喜欢我做的"食玩包"。我兴高采烈地和妈妈回到家，将顾客下单的"食玩包"精心包好发货了，我的第一桶金就这样得到了。陆陆续续我又卖出了第二个，第三个……现在暑假已过，就由妈妈帮我打理我网店里的事情。放学回家后，我第一时间完成作业，才会上网看订单，回答粉丝们的问题。自从开了网店，我学会了网上收付款、转账等基本的网络支付方法。如果你问我是否担心亏本，我会告诉你："尽自己努力就好，即使亏本我也从中学到了许多学校里学不到的知识和技能。"

　　自从开始设计创作我的"食玩包"，我更加喜欢画画。画画不仅能激发美感，陶冶性情，它还是一种情感的发泄方式，能给人带来无穷的美的享受与无限的乐趣，它不仅可以使生活多姿多彩，更能提高个人修养和素质。一直以来，我都觉得艺术很酷，艺术很高雅，艺术很神秘。是的，以上的种种都有可能是我学习画画的原因之一。对我来说，画画是件很自我的事情，那是一个自己和自己对话的世界。我喜欢绘画，它使我增强观察力、想象力和创造力，它已经是我生命的一部分。我更想通过绘画结交更多志同道合的朋友。生活离不开绘画，学习工作也离不开绘画。我要坚持学习绘画技巧，画出丰富多彩的手绘封面，将我的"食玩包"店办得越来越好，让这些"食玩包"给更多的小朋友带来欢乐。

　　经小昱绘声绘色地这么一介绍，倾注浓厚情感的"食玩包"在班级中很快走红。临近毕业，孩子们都用这种方式制作礼物赠予同学。小昱的"食玩包"店如今仍在经营，她带给自己欢乐和自由的同时，也给同学们带来珍惜和感念。

第三节　奇思妙想　自然绽放

2018年11月17日从遥远的东欧国家克罗地亚首都传来喜讯：中国北京市和平街第一中学一年级一班颜百宽同学的发明专利作品"适用于色盲人群的人行横道灯"获得第43届克罗地亚世界发明展的组委会金奖和最佳青少年发明奖！我真替这个孩子感到高兴！

颜百宽小名叫柚子，他是我2018届毕业生颜百合的弟弟。百合是一个善思又敏感的孩子，对语言文字有着深厚的感悟能力。柚子的到来，让我很意外，也很惊喜。他和姐姐全然不同，憨憨的，给人一种大智若愚的感觉。

他很喜欢科学，在科学课上，他积极参加老师安排的科学实验，勤于动手，勤于动脑。要说他与别的孩子的区别，那么最突出的就是他喜欢提问题！比如他会细心观察学习与生活中的事物或事件，发表自己的意见。同时更可贵的是他能针对这个问题，提出好多大人都想不到的解决办法。比如，学校的课桌有点矮了，学习时容易勾肩弓背引起坐姿问题，但调节起来却需要专用的工具，学校需要定时找专业的工人来进行调节，很不方便。他就想能不能有个能自由升降的桌腿，力气很小的学生也能轻松操作呢？再比如，班里和学生家里都养了许多花草，有时家长们和同学们忘记浇水，花草便枯死了；或者是给花草浇多了水，花草给浇死了。他就想能不能发明一个闹铃提醒装置，按照不同的花草特性，定好浇水周期，定时提醒大家浇水来避免遗忘。再比如，小朋友们初学写字，写字的坐姿正确与否，不仅关系身体健康，也会影响字体的端正。我因为这个坐姿问题总是不厌其烦地反复提醒孩子们，几乎到了口舌生疮的地步。百宽提出，能不能有一种提醒装置，只要戴在人身上，即可自动判断坐姿是否端正。如果不端正，它将用闪光或轻微振动的方式来提醒小朋友。再比如，近几年北京的雾霾天很厉害，每到这种日子，很多人就会咳嗽、嗓子痛。百宽看到这种情况就又开始他的奇思妙想，他说他要发明一个除雾霾的机器人。一天自习课后，百宽还真画出了一幅除霾机器人的图画拿来给我看。他解释说，这个机器人的长吸管用来吸PM2.5；大大的风扇能吹出新风，同时考虑到北京天气干燥，还能加湿；机器人的脚还带扫地功能，能随时洒水扫地。我看了看这幅画，虽然是很不成熟的草图，但创意发明的种子就在这稚气十足的图画里。于是我鼓励他说："百宽，你的设想很好，如果真有这样一个机器人出现，你就是我们的大功臣！因为所有人会因为你的这个发明而感到生活质量的提高，我们会觉得生活更美好了。希望你能继续延伸和细化你的想法，争取早日完成你的发明创造。"

　　具体到这个"适用于色盲人群的人行横道灯"专利作品的诞生，百宽是这样描述起因的：这要从一个交通事故说起。百宽家居民楼里有一位老邻居高奶奶，因为患有色盲色弱症，过马路时，在红绿灯的路口出了车祸，被汽车撞死了。大家都很伤心。百宽听了这件事，他问色盲色弱症人群为什么看不清红绿灯？大人耐心解释道：世界上有一群人，他们的眼睛天生有缺陷，分辨不出红绿两种颜色，所以红绿灯对他们来讲都是一样的。百宽立刻说，那他们过马路就非常危险了！如果有小朋友眼睛也患这样的病，那也可能会出车祸的！之后，他就记录下这个问题，拿到课堂上去和老师同学们讨论。百宽和其他同学一起开动脑筋想办法。首先进行头脑风暴。如果色盲色弱人群不能分辨颜色，那么他们可以分辩什么呢？图形？符号？文字？语音？经过分析，最终明确图形和符号是最简单易行的方案。可以配合文字和符号，使得现有的红绿灯能得以改进，在红灯处对应上X，表示禁止通行；在绿灯处对应上○，表示通行；在黄灯处对应上△，表示变灯等待。优化的结果就是现在专利的雏形。在这个专利中，百宽巧妙地利用了颜色和图形的叠加，即在现有的红绿灯基础上，加上一层有图形的膜，即可改善色盲色弱人群的生活品质。在第43届克罗地亚世界发明展览会上，评委会的评审结语中有一段话总结了该专利作品的特点：该参展作品从人文角度出发，关注弱势群体生存质量，不仅让色盲人群轻松出门，更减少了交通事故的发生。同时操作实现也相当简单方便，具有很高的实用价值和社会价值。

台湾发明大王邓鸿吉教授曾说过这样一句话：每个孩子都很聪明，我要做的只是打开他们思考的引擎。是的，每个孩子心中都藏着一粒小小的创新的种子，作为教师，我要做的就是给他们充分的支持和鼓励，给予他们无限思考的空间，让他们在自由的氛围中发挥无限创意，最终培养他们发现问题和解决问题的能力。对于百宽，我会尽可能地给他机会，比如北京市每年都组织"乐活达人"创新赛，我就鼓励百宽说，只要是你感兴趣的项目，你就尽可能地参加，这既是对个人能力的锻炼和培养，也可与其他同学和老师进行思想火花的碰撞。

2019年3—5月北京市举办了"乐活达人创新赛"，百宽和三年级的两位同学组队，完成科学观察项目——"迎春与连翘的对比"以及科学研究项目——"从花到果实孕育过程的标本制作"。再比如5月有个专门针对科技创新人才（青少年组）的游学活动，有机会和其他获得过国际创新发明奖的同学们一起接受亚洲教育论坛发起者、前韩国总理李寿成先生的接见。我鼓励百宽参加，最终他和大陆及台湾其他五名同学一起获得了由李寿成先生亲自颁发的"科技创新未来之星"奖。百宽游学回来，自豪地对我说，和我一起接受颁奖的哥哥姐姐们好厉害，都有好多国际发明大奖，我现在已经有目标了！我想今年努力申请一个专利，明年5月去参加马来西亚的国际发明展！看着百宽稚气未脱的小脸，以及那熠熠闪光的眼神，我想说，百宽，你未来的路还很长，我愿你插上创想的翅膀，长风破浪会有时，直挂云帆济沧海！

第四章　春风拂晓月　光景皆是新

第一节　一场有温度的较量

和煦的春风轻拂窗前的牡丹，温暖的阳光亲吻校园的丁香。偷偷溜进教室的枫叶，侧耳聆听童年的心声；怒放的玉兰也悄悄地挪移，伴着泥土的清香，前来参与一场没有输赢的较量。

端坐的孩子们在睁大闪亮的双眼，静待这毕业前的最后一次区级三好学生的评选。可欣真诚地鞠躬，开启了这场竞选，洋洋洒洒的文字展现出六年的拼搏，六年的感恩，我的心被深深触动。她说："与你们相处的时光就是最大的财富。"这话让我由衷地欣赏这个女孩儿。话音刚落，雷鸣般的掌声响彻整个教室，经久不息，孩子们激动不已。我想这便是六载四季更迭中沉淀下的感念吧。

雨欣缓缓地诉说着自己六年的变化，以及自己一次次为班级做出的努力，她说是我的鼓励使她敢于大方地表达，是同学们促使她热爱体育运动。她认为优秀的人很多，自己只是默默无闻的一个。那一刻，我在反思，自己是否忽略了一颗柔软的心。我很想告诉她，她的付出，她的坚韧我都看得到。我对她的爱不比对任何人的爱少。

徐钊因紧张读错了词，激动得说不出话来。就在那一刻，教室里响起了雷鸣般的掌声。这是鼓励也是信任，更是支持，似暗夜里的一束光，给了他莫大的肯定和鼓舞，这掌声是同窗之谊的温情，让这场较量有血性，也有温度！

"背上的书包总是很沉很沉，肩上的负担总是很重很重，理想的天空总是很晴很晴，它装了我很多的梦想……"悠扬的文字像短笛的旋律，跳跃在我们心头，倾诉着雨盈的自信和拼搏。那个大眼睛的小姑娘喜欢静静地看书。我想告诉她，一直以来，我都很喜欢她专注看书的样子。

赵洋年复一年地自荐，也许是因为她的经历吧，她比别人而言更多了一些感悟。泪水打湿在手稿上，好想给她个拥抱，去抱一抱那个为我分担班级事务的孩子，告诉她，别放弃，即便失败也是一种经历，一路努力下去，不纠结于事物本身的收获，将来所有的努力都会以另外的形式回馈自己。

百合在为自己争取的同时，告诉同学们要把票投给另外三个具备评市级"三好"的对手上。她的格局让我为之一惊，站在我面前的她一如百合，优雅地绽放，美得惊艳，也美得脱俗。

评选结束后，我开口说的第一句话，就是告诉他们，他们所流露的仁爱之心、团结之心让我感动。我告诉他们，这不是权衡成功的标尺，这场较量本无输赢，当选的同学只是代表（5）班带回荣誉。我告诉他们，任何时候都不要放弃努力，你所要采撷的绝不只是一棵草、一朵花，而是有灵万物。只有拥有一颗坚韧又不失平和的心才能最终到达胜利的彼岸。孩子们眼中闪烁着泪光。顿时，雷鸣般的掌声响起，这突如其来的声音打破了沉静的氛围。我回转身，淘气的春风吹落了我点点泪花……

第二节　百分之六十的伤

一年级只给百分之四十的少先队入队名额！得到这个消息，我无比忐忑，那些没能入选的孩子该怎样心伤，他们一定会不停地追问我自己为什么没有被选上。推选当天，孩子们都很紧张，全程端坐着，唯恐自己的小失误影响了此次评选。结果出来的那一刻，班中便有孩子哭了，小小的他不明白自己为什么没有当选。我走出教室，上报评选结果，坐在办公室久久不能平静，然后动笔写出下面的话。

亲爱的孩子们：

面对少先队的竞选，看着你们紧张的样子，我很想说些什么。

如果你当选了，我为你骄傲，因为你用自己的实际行动赢得了老师和同学们的认可。第一批入队是自豪的，你们可以尽情地欢呼雀跃，给爸爸妈妈一个拥抱，感谢他们对你成长所付出的爱和努力，因有了那些爱和努力才成就了今天的你。没有他们的陪伴，你绝不能长成现在的样子。孙老师不想说你们很优秀，只想说你们很努力，你们愿意为收获更好的自己而不断前行，哪怕是含着泪水也能坚持练舞、练琴……我希望你们正视两个问题：第一，你不是完美的。一个人只要永远都走在趋近完美的路上就足够了。仔细想一想，自己是不是在学校生活中也曾犯过错误？是不是有种侥幸的心理，即便犯了错误也依然当选了？其实，你的每一个行为都是在构建自己，老师和同学们接纳了你的问题，但依然希望你能更严格要求自己，随心所欲但不可逾矩。第二，戴上红领巾后，要时常督促自己，严格要求自己。

如果你没有当选，我依然为你感到骄傲，因为你是我们集体的一员，时时刻刻都不可或缺，我爱你不比爱任何一个孩子少半分。推选的结果的确会有些残酷，你可以在你的私人空间里哭，可以暴跳如雷，可以抱着妈妈撒娇。待你平静了，再来思考两个问题：第一，为什么没有当选。回顾过去的日子，你是不是上课的时候走神了，常被老师提醒；是不是课间的时候在楼道里乱跑了，常被值周生批评。如果你能罗列出自己落选的哪怕一条原因，那个更好的自己离你已经不远了。在我看来，没有一个坏孩子，你们无非是淘气了些。但是我们每个人都要在合适的时间干合适的事情。同样是跑的行为，在操场上是爱运动，在教室里是无规矩。我接纳你的不足，更相信你有改变自己的能力。第二，不必沮丧，走好脚下的路。今天的评选只是阶段性的，不代表你的现在，不代表你的未来，没有人能定义你的人生。希望你从明天开始，努力做好自己，认真学习遵守纪律，自己开心也让别人开心。

亲爱的孩子们，你们每个人都是集体中至关重要的一个人，希望你们善待自己、善待同学，在彼此的帮助下齐头并进。每一个微笑都能传递给人快乐，每一次助人都能传递给人感动，每一个宽容都能传递给人力量，每一份信任都能传递给人希望。愿你们在一个班，爱自己也爱他人，爱学习也爱运动。期待看到更好的你们！

我把这些话发给家长，家长又把我的这些话读给自己的孩子。孩子心里释然了很多，家长则满是感动，发来微信以表感谢。其实，我何尝不是陪伴孩子的另一个大人，我在意百分之四十的快乐，更在意百分之六十的心伤。唯有让孩子感知到爱和信任，方能慢慢抚慰他们小小心灵所受的伤。

第三节 "一缕阳光"

我并不认为自己可以称得上是"一缕阳光"，也没有信心让我的所有学生在未来的某一天花开似锦。坐在电脑前，我久久没有思路如何开始这篇文字，这种感觉不可言表。班主任的路途上充斥着太多的辛酸，又充盈着太多的幸福。思绪茫然的我静静地翻看学生们写的故事，顿时一颗浮躁的心像找到港湾安睡在孩子们真诚而又轻柔的言语中。慢慢地，我已泪眼模糊，那些甚至被我遗忘的事情于他们而言却是那样的天大地大。渐渐地，我开始觉得班主任必须如一缕阳光，因为我们不曾知道在多少不经意的时刻，孩子们已经悄然发芽、含苞欲放。看着孩子们记录的我们成长的点点滴滴，那些流过的泪，那些受过的伤，那些感人的故事，那些温暖的话语，都一股脑儿地涌上心头，让我沉浸在这美不胜收，繁花锦簇的缤纷世界中。

一、仰望星空，见贤思齐

作为一名青年班主任，我积极向老教师请教班级管理的有效途径；看到优秀的班集体，我更会细心观察，体会孩子们别样的成长和别样的收获。渐渐地，我也能规划自己的班主任管理之道，我和我的孩子们一路探寻，共同建立了一个班级管理平台。我认为任何一种行为和品质的培养都需要一种媒介，比如我们想教会孩子坚强，但试想一下，如果让一个成年人去解释如何才算坚持，是不是会太抽象？所以我安排羽毛球比赛，当孩子们大汗淋漓还在争取每一个有可能的接球机会时，我说这便是坚持。慢慢地，我发现孩子们身上有了一股韧劲，他们在书写上精益求精，在打扫卫生时从不叫苦、叫累……

二、坚定信念，玩好学好

初带这个班是在2012年，现在他们已经是五年级的大孩子了。玩儿是每个孩子的天性，我也一样，至今玩心很重，但我认为能玩得好的孩子在学习上一定也不会太差劲。也因为年轻，我愿意把自己上学时遵循的原则和孩子们分享，那就是"学好玩好"。我们约定，在教学楼里，老师们所有的要求，要尽心尽力去遵守。如果大家做得好，就为自己争取了去操场上玩儿的机会，这个时候，我会带着孩子们痛痛快快地玩。我们一起散步聊天，一起比赛跳绳，一起手拉着手做游戏。这个做法非常奏效。孩子们喜欢老师，喜欢和老师在一起玩儿，也就喜欢听老师的话。久而久之，也就养成了种种良好的习惯。教师拥有春风化雨的情感很容易和孩子打成一片，但在这种氛围下也会让孩子变得随意。所以我和孩子规定地域区别，教室里，我们一起踏踏实实地学习；操场上，我们一起痛痛快快地玩耍。在读孩子写下的我们之间的故事时，我对这一教育理念更深信不疑。我希望孩子们既可以享受童年的乐趣，又可以在成长的路上为自己积淀，等待将来的某一天，可以厚积薄发。也许在短短的小学时光里，我看不到他们的绽放，但我相信，孩子如花，种子已经萌芽，终有一天，我会看到万株花开，我会闻到阵阵芳香。总而言之，"学好玩好"是我所追求的一种教育境界。

三、探寻方法，带班有道

1.班长和值日班长交叉管理班级

每个教师都希望自己的学生品学兼优，我也如此。我曾经一整天顾不得去趟卫生间，一直在教室里忙这忙那。一天下来，筋疲力尽，但反思一下，似乎也没有做多少事情。后来，我发现，我的很多时间都用在看班和处理班中杂事上。为了将自己解放出来，我设置了班长和值日班长交叉管班的方法。厚厚的值日班长记录本上记载了孩子们成长的点点滴滴。每天晨检，值日班长都会做前一日的总结，提出表扬和希望，然后将接力棒传给他认为昨天最有资格担任值日班长的孩子。从这，我看到孩子们已懂得"律人先自律"的道理。他们也逐渐为班级创造了"争当先进、争做表率"的良好氛围。这个方法不但让我有时间去做工作上的诸多事情，更给了我一份惊喜——孩子们为了争当值日班长，分分秒秒都严格要求自己，不但养成了很多好习惯，还培养了一定的管理能力。

2.共同参与完成我们的作文集和诗歌集

我们的作文集以"春之萌芽""夏之绚烂""秋之收获""冬之底蕴"为名，从三年级有习作以来，我们就一起积累素材，大家齐参与，共成长。在我和孩子们的共同努力下，春夏篇已经初露羞涩的面容，虽然它并不精美，但却是我们师生心底最美的回忆。拼插在展板上的各种评价机制和设置的一些有趣的奖励，也都促使孩子们更加团结互助，我深信他们会携手在成长的路上分享美丽、分担风雨。我意外地发现，有了这套集子，孩子们在归纳总结和页面设计上都产生了极大兴趣，他们将闲暇时间充分利用起来，一起讨论该如何布局，如何插入图片，该插入什么样的图片。这些都使他们的课间生活丰富起来。

3."财富值"的使用让学校生活乐趣多多

班级财富值是我们基于"班币"的尝试，按照详细的奖罚制度进行。在设置制度时，班委们记录了学生的情况。在财富值的积累中，有详细的加分项和减分项。孩子们熟记每一条规则，尽全力做到最好，争取在不被扣分的基础上加分。在记录的过程中，班委们有分工、有合作，每天都能在放学之前将总分汇总，填写在班级总表上。每天放学，孩子们都要看一看自己积攒了多少"财富"，并在排队的过程中进行反思。

4.有那么一首歌，成为我们的班歌

"不确定自己的形状，动不动就和世界碰撞。那些伤，我终于为你，都——抚平。那一年最难的习题，也不过短短的几行笔记……"我们选定这首歌作为班歌。之所以选这首歌，是因为歌词所演绎的正是我想和孩子们说的话："天空会不会雨停，会不会放晴，会不会幸福在终点等着我和你，会不会是我忘记，还能勇敢地去淋雨。"迷茫烦累的时候，我们会唱起："我们继续走下去，继续往前进，继续走向期待中的未知旅行。感觉累了的时候，抱着我们的真心，静静好好地休息。"想要放弃的时候，我们会唱起："看这条路肯让我们走到哪里。我们想去的地方一定也有人很想去，我们都不要放弃，都别说灰心，永远听从刻在心中那些声音。"当有一天，孩子们离开小学，我们会唱起："没有地图，人生只能凭着手上的梦想。循着它的光，曲折转弯找到有光的地方。人要有梦想，勇敢的梦想，疯狂的梦想，继续走下去继续往前进，路旁有花，心中有歌，天上有星，我们要去的那里，一定有最美丽的风景！"班歌让同学们的心凝聚在一起。大家一起学习，一起玩耍，一起为班级做贡献！也让我们懂得都不要放弃，都别灰心，不要辜负心里那个干净的自己。我们要相信自己，永远都相信，来到这个世界不是没有意义！

5.有那么一种花，成为我们的班花

知识的作用应该是让心灵更纯洁、更剔透。所以作为班主任，我既致力于抓学生知识的掌握，更致力于抓学生健全人格和高尚品质的养成。为此，我依托学校的班级花园开展活动：和孩子们一起确定君子兰为班花——取其"君子谦谦，温和有礼，有才得志而不骄，居于谷底而不自卑"之意；开展一系列"寻找身边的绅士淑女"主题班会，让男孩子们变得恭谦礼让、胸怀宽广、博学多识、奋发图强、忠孝诚信、一诺千金、自省自律、意志如钢，让女孩子变得整洁大方、朝气阳光、知书达理、热情善良、举止优雅、聪明灵秀、自尊自爱、自信自强，不仅如此，我们还将同学们亲手栽培的花草编辑成册，让他们在成就感的喜悦中习得责任和担当。

四、师生互爱，水到渠成

架起心灵的桥梁——平等、尊重、互爱和理解。在非原则问题上，我并不强势，更喜欢和孩子平等地探讨问题、解决问题。一是因为我真的深爱着这群孩子；二是因为只有平等地沟通，孩子才会愿意说实话，我才得以走进孩子的心中，抚慰他们的不安，让他们朝着阳光奋力向上。每一朵花都有自己的土地根系。只有触碰到他们心中的不同，才能更好地引导他们成长。尊重是每一个人的需求，事情有千千万万种解决方式，在这一过程中，尊重是不变的准则，我尊重他们的优点，也接纳他们的缺点，因为童年使然。所以作为成年人，我要放慢脚步，欣赏着"小蜗牛"的前行，让他们尽早地发挥自己的优势，调整自己的短板。

孩子们给我的这份爱和理解，让我觉得我传递着一份爱，却收到三十五份爱的回馈，想来自己是多么幸福。

漫长的班主任之路才刚刚起步，我愿尽心尽力不断完善自己的教育理念，因材施教，静待花开；我愿不遗余力、积极探索班级管理之道，团结协作，一路芬芳；我愿竭尽全力传递给孩子爱的能力，做一缕阳光，让孩子们成为一缕缕阳光！

第四节　沟通的作用

"无德无以为师。"有什么样的老师就有什么样的学生。老师的言传身教潜移默化地影响着每一个学生，这实际上就给班主任提出了更高的要求——必须有高素质，大格局。

教育教学经历告诉我，每一拨学生都有着截然不同的个性，要想做好一名好的班主任，光有制度与规定不足以满足学生、家长、社会的需求，文化建设尤为重要。在带班的过程中，我觉得班级文化建设起到重要的载体作用。

我校的办学理念是"让每一个学生在自信中成长；让每一位教师在阳光中工作"。我认为，"和"应该是一种感受，一种境界，一种心态。她存在于我们每个个体的精神意识之中，她引领着我们在精神上变得富有，她指导着我们用愉悦的身心去做好学校以及生活中的每一件事。正是在这种"和"文化熏陶下，我们班的班级文化建设取得了令学生、家长满意的结果，我们班最大的特点就是师生和谐相处，学生以诚相待。

"便签纸上的心情"互动墙，是我们班创建的情绪驿站，学生、家长和老师们在这里尽情挥洒，一篇篇心灵之作，不带任何的杂念，诉说着每一个人对这个栏目开设的感知、感恩与感动。

每每看到一篇篇心灵之作，我的成就感就油然而生。我想，之所以每一个学生都愿意在这里诉说心里话，那一定是我们师生间的和谐氛围造就了今天每一个学生的平常心。与学生们良好沟通是我们班级师生关系和谐相处的前提。

顾名思义，"沟通"是人与人之间、人与群体之间传递和反馈思想与感情的过程。我们都知道，人与人交往，沟通是桥梁。而作为教育者的班主任来说，维系好师生之间、教师与家长之间的有效沟通是管理好班级的基础，而在沟通中注意尊重学生、设身处地地为家长着想则是我们顺利开展一切工作的根本保障。"真正的教育是心心相印的活动，唯独从心里发出来的才能打到心的深处。"真正的教育是心灵的对话。从事教育工作决定了我们的工作对象是活生生的人，人是有思想、有感情的。下面我就来和大家说说我和学生的沟通情况。

我们沟通的内容十分丰富。我们都知道当班主任站在管理者和教育者的角度和学生谈心、聊天，很容易把学生推向被管理者和受教育者的对立面。这于无形中就筑起了一道沟通的"高墙"，再好的道理学生也听不进去。"平易近人"这个词，说起来很容易，可是做起来却很难。难就难在许多班主任难以放下自己被传统"架"起来的架子，维护着所谓的"尊严"，把自己的角色神圣化，让自己去扮演说一不二的人物，而忽略自己作为一个人的本质。而我在平时的工作中就善于抓住一切时间与时机，善于撇开自己教师的角色，像一个大朋友一样和学生聊天，什么事都尽量做到娓娓道来。例如，我每天都能坚持和孩子们聊一会儿，有时候利用晨午检时间，有时候利用业余时间，或点拨生活常识，让学生感到家人般的温暖；或交流时事动态，让学生拓宽知识的广度。沟通涉及的领域非常广泛。通过这种沟通方式，不但扩大了学生们的知识面，促进学生与社会的良性接轨，而且还锻炼了学生们的交际能力，最主要的是我发现孩子们越来越愿意和我聊天，越来越愿意把自己的所听、所见、所想与师生们共同分享。我也越来越被孩子们所赏识，在他们眼里，"孙老师知道的可真是多啊"。

我比较关注学生的爱好，爱好能激发学生的兴趣。比如CBA的常规赛、季后赛，中超联赛，排球联赛，都是我们的聊资，我觉得这样的聊天、这样的交流，既拉近了我和学生的距离，还可以不失时机地让学生们感受到老师并不是在打压自己的兴趣，而且在提倡发展自己的兴趣，这无形中又增加了我在学生心目中的分量。如此，在得到学生们的尊重与敬仰的同时，我也得到了家长们的理解与配合！

我们班的师生关系、生生关系非常融洽。平等地享受"教育带给我们的魅力"，是我们班的育人宗旨；"我的舞台我做主"，是我们班同学们创作的平台。这种师生间的平等引得很多学生家长都纷纷主动向我讨教育人的高招和孩子相处的妙计。

我个人觉得，一个班级的建设如果能顺着良好的轨道循序渐进地发展，班主任除了要与学生沟通好外，也不能忽视另一个阵地——家长团队。善用、巧用家长，让他们在心理上取得与教师平等的地位，那样家长们会积极配合我们，来参加我们的活动，来当志愿者。家长大讲堂，给了家长施展才华的舞台和空间，让家长的个人魅力得到充分绽放。

随着志愿者活动的不断开展，我们的志愿服务已经延伸到社区、街道。我们班的家长经常和我们一起搞公益活动。例如，"心"计划公益活动，我们选举家长代表和部分学生，利用业余时间组织图书跳蚤市场义卖活动，为同龄的孩子捐献书籍，等等。

如果说，一个班级是畅游在时间长河里的一叶小舟，那么同学们健康、积极的言行就是推动它平稳前行的水，班主任和家长们的合力就是引领其航向的帆，有效的沟通就是连接师生之间、生生之间、师与家长之间、生与家长之间的万能胶，而班级文化建设则是为学生、家长、教师创造育人环境最好的平台。我想，正是因为我们师生之间、生生之间、师长之间、生长之间有一种良好的沟通关系，才形成我们之间一种超乎寻常的、愉悦的和谐氛围，相信长期坚持下去，我们定能收获颇丰。

第二部分 夏之蜕变

走过春的旖旎，迎来夏的蓬勃。我中有你，你中有我。人类从嫩芽初发到自由绽放，从懵懂青涩到坚韧成熟，期间需要构建四种关系，即亲子关系、师生关系、同伴关系和自己与自己的关系。在这四种关系中，要关注情绪，既要看到自己，也要看到他人，并要用积极的思维方式与人相处。

第一章　夏木尽葱茏　茂林荫修竹

第一节　百合绘本创作

初夏，迎着朝阳，伴着清晨的露珠，一张张稚嫩的笑脸像一朵朵美丽的百合花——清纯、靓丽，含苞待放，美妙绝伦！他们是爸爸妈妈们爱的结晶，是世界上最精彩绝伦的作品，也是世界上最独一无二的天使。他们有时顽皮，有时天真，有时温暖，有时智慧……

在"六一"儿童节，在这个对于孩子们来说，既重要又盛大的节日里，我和家委会的家长们精心组织了以"班花百合"为主题的创意绘本创作大讲堂活动。徐梓庭妈妈倾情投入，精心准备，满怀着爱的热情，来给孩子们讲述这一堂生动的课。她以思维训练为导入，以一个"圆"的简单图形来引发孩子们的联想。孩子们争先恐后地上台，画出了他们最灵动的联想。有的把圆变成了一朵花，有的把圆变成了一个轮胎，有的把圆变成了一盏灯……意犹未尽。孩子们喜欢这种互动式的玩法，它能极大地激发他们的热情！

接下来，进入孩子们的创意时间。梓庭妈妈将提前准备好的百合花图片，分发给孩子们，对孩子们进行引导，让孩子们在置换中创意创作，发挥奇思妙想，孩子们脑洞大开。但在作画的过程中，也有一些小插曲。我对孩子们的脾气、想法十分了解，于是轻轻俯身，对孩子耐心地引导和关怀，加上梓庭妈妈用心地教授画线条、涂色的方法，不一会儿，孩子们都克服了困难，完成了一幅幅精美的作品！

在绘本制作中，我和梓庭妈妈对孩子提供支持，却不指定方向。瞧瞧他们的作品：这边的孩子将画中可爱的小女孩，装饰上百合花，显得越发灵动温婉，展现了孩子们内心无限的温情与细腻；美丽的生日蛋糕、水杯、小船上加入百合花的元素，变得十分优雅；还有的孩子把百合花变成了机器人、魔法棒、皮卡丘、铅笔、螺旋桨等；抬眼望去，那边的孩子将百合设计成小女孩儿的裙子、夏日里的遮阳帽、还有国王座椅……他们在奇思妙想中展现了超凡的思维能力和创新意识，大胆又不拘一格！

在这一幅幅作品里，我看到了孩子们不被禁锢的突破与创新、温情与细腻、优雅与智慧来表达对生活的感知。每一个孩子，此时都是一个小小的"毕加索"，尽情挥笔抒发，用稚嫩的小手写下"我把百合变成了……"来表达他们心中的爱与美好，呈现他们的新奇与创意！

走进孩子中间，拥抱着孩子们，看他们用笔尖描绘想象，听着他们的讲解，他们把我也带到了梦幻的世界里，我满眼惊奇。

在场的老师和家长，都被孩子们的潜能所震撼，为孩子们的奇思妙想而喝彩，为我们组织的活动能给孩子们提供这样的舞台与机会而倍受鼓舞！

活动最后一个环节，家委成员们为孩子精心准备了"六一"礼物，是一个系线沙包，色彩斑斓，非常符合孩子的兴趣和审美。经研究，踢沙包能大大增加孩子们的感统能力，对小高阶段的数学学习大有裨益！孩子们拿着心仪的沙包，快乐地来到操场上学习着踢沙包技巧，尽情玩耍着。玩好，学好，对孩子们来说，难道不是一个最和谐的状态吗？

班花百合，象征着纯洁与坚毅，孩子们的创作赋予了百合新的意义与美好。还记得春日里班级举办的栽种百合的活动，孩子们用爱来守护和浇灌百合，守护一年级一班精神的象征，用爱来感受集体的温暖。细细想来，教育的真谛，就是用爱来引导孩子，用爱来教育他们，用爱来包容他们的不足，让他们最终学会用爱来解决一切困难，勇敢、健康地成长，并在爱的包裹中渐渐长成参天大树！

活动结束了，孩子们仍沉浸其中，乐此不疲。跟随百合花开的节律，他们也悄然发生变化。当我拿起打火机为他们把沙包上的线头收紧时，他们关切地嘱咐我别烫到；当我伏案小憩时，他们像小猫一样踮着脚走路……看到他们像百合花一样茁壮成长，我深感欣慰。

第二节　爱国少年团　自强小勇士

"少年智则国智，少年富则国富，少年强则国强，少年独立则国独立，少年自由则国自由，少年进步则国进步！"《少年中国说》给了我深深的启发。在六一这个特别的日子里，除了尽情地享受爱和美好的同时，让我的"小豆包们"，得到一次身心的磨炼和爱国主义的浸润，也具有别样的意义！

平日里，你们是欢快的小天使，性格迥异，却又千姿百态；你们一个个独立绽放的灵魂，从不拘泥于整齐划一。但是既然成为一名小学生，就意味着你们步入人生的又一个征程。拥有团队意识、自我约束、服从命令、听从指挥，这是老师要给你们上的另一堂课。只有融入、协作、在团队中扬长避短，才是"真我"的成长。

很高兴，你们都是那么真诚地期盼和向往着这次六一儿童节真人CS活动。6月2日的清晨，天公作美，天气爽朗，阳光灿烂。有的同学头一天晚上就按捺不住激动的心情，念叨、憧憬着第二天的活动，很晚才慢慢入睡；有的同学则早早起来，做那"早起的鸟儿"，蹦蹦跳跳来到了活动现场。在大美的奥森公园，有你们幼小却又美丽的身影。瞧，活动场地上，你们已整装待发。

活动开始，在教练的指引下，学生分为红队和蓝队，各自选定队长，形成团队。第一局开战，你们兴高采烈地冲上各自的"山头阵地"，兴奋地东奔西跑。但是你们各自为战，并不懂得什么胜利的规则，也没有思考什么胜利的策略，就这样，"短兵相接""赤膊上阵"，不停地阵亡，又不停地续命。正玩得在兴头上，忽被教练匆匆叫停。因为你们需要听听怎样隐蔽，怎样包围对手，怎样才能命中更多的对手，以及怎样发挥团队的作用，怎样配合队友。教练选取了服从命令的小朋友，作为典范，又让命中敌人最多的"小战士"讲讲怎样隐蔽、瞄准和射击，自己又是怎样做到的！

听过经验总结，你们大受启发。二次"开战"，这次你们明智多了，队长开始给小组成员分工，安排战略和战术。小战士也懂得隐蔽后再射击，还学会组队出击，互相配合。更有的"智慧小达人"悄悄地绕到敌人后方，对敌方形成包围。瞧！大家多带劲。

第二局过后，红队胜出，蓝队暂时落后。在红队欢呼胜利的同时，蓝队小战士并没有气馁，而是鼓足勇气，化失败为动力。交换阵地后，战事又一次开启，敌我双方都更加沉着，更加有策略，在射击技术上也都更加精益求精。你们热火朝天地冲锋，在小小的身躯里，爆发了巨大的能量。蓝队终于反败为胜，喜出望外。

近两个小时的活动，你们参与其中，不知疲倦，挥洒汗水，享受胜利的喜悦，总结失败的教训。你们终于懂得了在失败中不气馁，不断地调整自己的战略战术，扬长避短，全力以赴地投入，只有付出努力和智慧，才会收获好的结果；你们终于明白了胜利的时候，要坦然、从容，不能被胜利冲昏了头脑，只有不断发现问题，持续进步，才能让自己更优秀。

活动结尾，教官给孩子们总结活动，并升华了爱国主义教育的主题。你们终于明白了，作为中国人，要感到自豪，因为只有我们的国家强大了，我们才能有和平幸福的生活，而国家需要我们去建设。所以，从现在起你们就要做好自己力所能及的事，不能再依赖任何人，要学好知识和本领，只有自己强大了，将来才能成为国家的栋梁。

活动有始终，生活仍继续。希望这一堂生动的户外活动实践课，能让孩子们对生活，对做人，对学习有所启发，并能对孩子们形成影响，让孩子们不断地调整自己，自强不息，突破困境，在未来的道路上越走越顺；能让孩子们懂得爱自己、爱他人、爱集体、爱国家、爱我们岁月静好的幸福生活，以坚韧的脚步，踏实的心态走好我们人生的每一步！老师会陪伴你们，会为你们加油。希望终有一天，你们会成为我仰望的"参天大树"。

第三节 保护好奇心的小妙招

很多家长朋友应该遇到过这样的情况：带孩子去朋友家，孩子不会像大人一样安静地坐在客厅和朋友喝茶聊天，而是左看看，右看看，这也想摸摸，那也想碰碰，有时甚至直接打开人家的抽屉或者衣柜门。这让家长觉得自己的孩子很不懂事，而感到不好意思。实际上，孩子不是没有礼貌，而是他的好奇心占了上风，他迫不及待想看看这个全新的环境到底是什么样子的。

孩子在小学低年级阶段，几乎就是个活着的"十万个为什么"。各种各样稀奇古怪的问题，从他们的小脑瓜中迸发出来，搞得很多家长不知所措，不胜其烦。对于孩子提出的问题。有的家长会觉得孩子提出的问题很幼稚，甚至觉得可笑，不想表示自己的看法，就采取沉默的方法，装作没有听见；有的家长则表现出不耐烦的态度，对孩子说"去，去，一边玩去，真烦人"；还有的家长不会解答，不知道怎么解答，可还不想承认自己不会，就告诉孩子，"怎么那么多问题，别问了，烦不烦"。殊不知，家长的这些做法不但冷漠了孩子，打击了孩子，同时也扼杀了孩子的好奇心。

说到孩子的好奇心，不禁让我想起上届一年级学生的一件趣事。两个小男孩儿约好在校园中探险。他们从教室所在的一层一直走到教学楼的五层，最后走到教师宿舍区，溜进老师们的宿舍，躺在床上休息。第二节课的铃声响起后，班主任发现少了两个孩子，迅速上报，主任们马上调出录像，即刻找到教师宿舍区。老师们怕突然出现吓孩子一跳，敲了敲宿舍的门，其中一个孩子竟顽皮地回复"没人"。

人的智力发展有三个关键时期，小学阶段是智力发展的第二个关键时期。小学低龄段要培养孩子的注意力和观察力，孩子的好奇心恰恰能帮助注意力的养成。那么怎么保护孩子的好奇心呢？下面，我来分享几个保护孩子好奇心的好方法。

首先，控制情绪，避免随意的批评无意识扼杀孩子的好奇心。

当孩子在家中拉开抽屉"探险"时，请不要怒斥孩子，因为孩子并不是想搞破坏，他只是好奇眼睛不能看穿的抽屉里到底藏了些什么。语言的暴力会让孩子变得畏手畏脚，好奇心的种子便很难再生根发芽。

其次，因势利导，鼓励孩子有意识地观察。

好奇是孩子的天性，作为老师和家长，不要仅仅停留在不去扼杀孩子的好奇心，更重要的是要激发和保护他们的好奇心。我们班上的一个小男孩儿给了我一个很好的启示：我们每天上午、下午都需要上交晨、午检表，而我安排的递交表格的小男孩儿因为特殊原因每天只能上午上课，下午要外出做康复训练。这样，他就没有办法把午检表交到三层的卫生室。他周边的孩子得知后，争着想替他去交，但是他们并没有上到过教学楼的三层，不知道卫生室的位置。本来我想带几个孩子去认认路，结果他们却说自己认识了。我很好奇，问他们怎么知道的，他们居然拿出一张地图。原来，我安排的那个小男孩儿给他们画了地图，并用拼音标注了卫生室，路线一目了然。

听到这个故事，家长们是不是可以发挥想象，针对孩子们"探险"的好奇心，是不是可以让孩子来画个家庭导航图呢？让孩子尽情探索，在纸上画出家的格局，标注出一应物品的"藏身之处"。需要导航时，试着问问孩子："导航小达人，针线盒在哪里？"当他自豪地告诉你在"电视柜中间抽屉里左边"时，你是不是再也不会因为他打开抽屉乱翻而怒斥他了？

再次，当你带孩子外出旅行时，与其责怪孩子乱跑，不如让他实地弄清楚宾馆的路线图、火灾发生的逃生路线、公交的停靠站、景点的游览图。当孩子需要帮助时，你也可以参与进去。最后，给予其五星评价，赞扬之余再提供一些建议。

当孩子完成导航，你的赞扬一定要在孩子帮到你的基础上表露出来，这样他便有十足的成就感，也会让他的下一次导航更有积极性。当然，孩子依然是孩子，要跟孩子讲清楚，到别人家不能乱翻、乱看，这是不礼貌的行为，因为那不是自己家。当家长对孩子提出让他心服口服的建议时，他会更崇拜你，并且会在实践中更善于思考，更敢于质疑，更精益求精。

心理学认为，好奇心是个体遇到新奇事物或处在新的外界条件下所产生的注意、操作和提问的心理倾向。好奇心是个体学习的内在动机之一，个体有寻求知识的动力，是创造性人才的重要特征。

好奇可分为消遣性好奇和认知性好奇。消遣性好奇广泛而浅显，认知性好奇持续性强，让人收获更多。消遣性好奇会让儿童目不转睛地盯着蝴蝶，会让成年人不停地刷微博和朋友圈的最新消息。认知性好奇会让儿童去百科全书上查找相关知识，会让成年人专心学习一门学科或一门语言。

好奇心激发人类不断探索未知世界的热情。每个人自出生起就有好奇心，随着年龄的增长，好奇心往往逐渐退化，保留下来的是学习和探索的习惯。拥有好奇心的人往往更聪明，更富有创造性，也更容易成功。

总之，好奇心除了能使我们本身更加深入地阅读和提问外，还是推动社会进步和科技发展的重要驱动力，它驱动我们去探索未知世界和发现更美好的未来。

好奇心更是一种对未知世界永不停息探索的热情。保护好孩子的好奇心，是家长送给孩子的宝贵的财富。家长朋友们，让我们一起来激发和保护孩子的好奇心吧！

第四节　不散场的陪伴

以下是我的一篇工作日记。我在学生时代非常喜欢写日记，曾有十几本厚厚的日记作品。如今工作后，生活节奏较快，和孩子们打交道，往往忙得像八爪鱼一样。所以，现在日记变成了周记甚至月记。但每逢遇到特殊事情，或者特别有感触时，也会写录于纸上。现摘抄其中一篇如下。

2018年6月4日　　星期一　　晴

今天下午的课是一节普通的班队会课，但对于丁睿这位同学来讲，却非比寻常。因为他即将离开相伴六年的同学们，举家迁往上海。今天，是同学们特地为他准备的欢送会。

之前，班委章可欣来请示班队活动内容时说："孙老师，我们想给丁睿举行一场欢送会，可以邀请您及任课老师参加吗？"我不假思索地答应了。我回答说："当然可以！你和班委们全权操办吧。"当时我想，孩子们长大了，知道了集体、朋友的可贵，适时让他们体验团队的温暖、友谊的珍贵和离别的伤感，也未尝不是一种人生感悟教育。而可欣是一位情商很高的小女孩，一直担任班委，我很放心让她操办。

　　终于，今天下午的欢送会如期而至。

　　在班委的组织下，我和副班主任（英语贾老师）一起陪着丁睿走进教室。首先映入眼帘的是黑板上的三个大字：欢送会。这应该是班长郭逸戈的杰作，他的板报字体独具特色。然后我们发现，教室的桌椅经过精心布置，变为一个大大的U型，像热情张开的双臂。当丁睿迈入教室大门时，同学们自发自觉地站起来，欢迎丁睿的到来，此时热情的掌声也同时响起来。接着主持人章可欣登场，她先介绍了今天班会的主题——欢送丁睿，并公布了流程，由副班主任贾老师发言。这个可欣，真是个机灵鬼，由于贾老师是副班主任，又是英语老师，还是钦点丁睿为英语课代表的人，所以可欣第一个请出贾老师。贾老师热情洋溢地肯定了丁睿六年来认真学习、肯吃苦、有干劲的精神，也表达了对丁睿离开的依依不舍，最后勉励小丁同学离开北京后继续努力。贾老师说，今天的别离，是为明天更好的相聚，相信六年后，大家还有机会再到大学校园中相聚。

　　在贾老师的浓浓师生情的感染下，学生代表开始陆续登场发言。王一川是丁睿的铁哥们，他俩同为篮球队的成员，是六年来一起驰骋球场的"战友"。王一川说，六年的同窗时光，有欢笑也有汗水，总之都会永远铭记在心里，愿丁睿永远都是"恰同学少年"！体委张志硕激动地上台来表达心声，他是个一直压着BMI（身高体重比）红线的可爱的小男生。他说："丁睿，六年里，你一直是我们班体育得分高手，没有你的（5）班，少了一员干将呀！但说心里话，我最羡慕你的，不是你的得分，而是你的体形，远看有形，近看有肉。你走了，我可没有体型标杆了，哥儿们，我会想念你的，特别是你的体形！"他的话，引得全班同学哄堂大笑，丁睿也跟着笑起来，脸上愁绪也减轻不少。女生们比较羞涩，大家你推着我，我搡着你，有些纠结。这时徐徐走上前来，大方地说：

"丁睿，我们同窗六年了，现在离别近在眼前，真的满心不舍，希望你能记得我们，记得（5）班这个集体，大家永远都是一家人。"听了这番话，丁睿几乎按捺不住内心涌动的情绪，眼角有些温润了。这时主持人章可欣走上讲台："丁睿，我们全班同学为你准备了一本纪念册，我们想请孙老师为代表，替我们送给你，也请孙老师给大家讲几句话。"我走到丁睿身边，轻轻打开纪念册，指尖滑过的每一页都是一个难忘的故事、一段美好的回忆。那是由全班同学收集的有丁睿参与的每次活动的照片集锦，同时附上可欣和其他几位同学的点评，既有文字也有图画，这是他们花了近一个月时间收集、冲印、绘制完成的。我指着最后一张全班同学大合影对这场送别会的主角丁睿说："丁睿，明天，你就要离开（5）班了，我想代表全班同学送你这本册子。请记住这样一句话，咱们（5）班的同学，聚是一团火，散是满天星！老师希望你阅尽千帆，归来仍是少年。"丁睿听到此处，哽咽着说："老师们，同学们，谢谢你们，我忘不了（5）班，忘不了你们！"丁睿手捧着这份沉甸甸的礼物，几乎要哭出来。贾老师忙走上前，拍着丁睿的肩膀说："大家不要伤感，（5）班是拆不散的，借用一句广告词，'身虽远，心同在'！而且我们马上要拍照留念，可不能拍出的帅哥美女全是熊猫眼呀！"听完这番话，大家又破涕为笑。班委和贾老师纷纷张罗着给丁睿组团拍照，有体育组、英语兴趣组、文学组、班委成员组等，帅哥美女N人组这些奇怪的组也粉墨登场……在这一热闹的氛围下，别离的伤感被瞬间冲淡，留下的只有集体的温暖和成员之间流动的爱。

看着这一切，我思绪纷飞，不禁回想起前不久离开的另一位同学——喻婧祎，一个在班上不起眼的女生，因为户口关系，随母亲回到了重庆。她走得比较仓促，没来得及和大家告别，离开后，同学们才知道，想表达心意却无踪迹可循。所以当时我与几个班委商量后，买了一本毕业寄语，轮流让每个同学签名写寄语，再附上全班同学的毕业合照后寄给了已经转学赴重庆的婧祎同学。听她妈妈说，婧祎收到后，抱着册子只反复地重复着："好感动，好感动，好感动……"

"孙老师，快来，合照啦！"思绪被同学们的叫声打断。我快速融入孩子们中间，画面定格在全班同学的笑脸上……这就是我带出来的（5）班呀。他们分明都是捧着一颗颗热情似火的心来到我身边的。朝夕相处六年后，我知道他们也终将带着满身的星光离开。我没有遗憾，我真的庆幸能与他们相遇。人都说陪伴是最长情的告白，这份陪伴，这段缘分，与其说是我教育了他们，不如说是他们成全了我的凤愿。真心希望，丁睿、喻婧祎，以及所有（5）班的孩子们，带上你们火热的心，化为满天的星光，继续温暖这个世界，照亮今后你们的人生。无论你们走到哪里，全班同学的爱以及我的爱都是你们永远不散场的陪伴！

　　后记：一年后传来消息——丁睿，转学后迅速适应了上海学校的生活。他妈妈说，这得益于他在北京、在和平街第一中学六年级（5）班得到的满满正能量。喻婧祎，在适应重庆的学校生活后，也一直与我和（5）班的同学保持着紧密的联系，她说回忆起（5）班永远有家的感觉。

第二章　夏蝉闹黄鹂　蛙语三四声

第一节　各具特色的"民居"

　　《各具特色的民居》是小学语文课本里一篇饶有特点的说明文。这篇课文介绍了客家民居及傣家竹楼，目的是为了让孩子们了解客家民居和傣家竹楼的特点并学习抓住事物不同方面的特点进行描述的说明方法。该篇文章中含有两部分，且均为自读课文。

　　教学参考书上对自读课文的要求为：其一，内容理解上低于精读课文要求，学生只要"粗知文章大意"，能抓住重点、难点，大体理解内容即可。其二，方法上要求教师更加放手，让学生运用在精读课文中获得的知识与方法，自己把课文读懂。所以，在本课教学上，我决定大胆放手，让学生在课前搜集并整理资料，在课上采取分小组讨论和探究性学习的方式，让大家欣赏各具特色的民居。

　　我将全班35名同学分成7个组，1~4组的侧重点在客家民居，5~7组的侧重点在傣家竹楼。我的要求是每个小组按学习重点，可侧重但不局限在这篇文章上，先分小组自读文章，然后独立阅读、体会内容，始终围绕两个问题展开思考：一是客家民居和傣家竹楼有什么特点？二是文章用了什么表达方法表现这些民居特点？最后，经小组讨论后，形成结论。可用表格、视频、思维导图、图画、表演以及PPT等多种方式来展示自己的结论。

　　在做教案设计时，我还心中忐忑：放任孩子们天马行空地自行搜集资料，自选表现形式，是否会出现一放就散的情况呢？但实际的结果，却让我大吃一惊。

这7个小组都认真准备了素材，汇报时均用PPT形式，有些小组是组长汇报，有些小组是全组成员一起上台汇报，连讲台上的站位也都精心设计过了。

以第一组来举例，他们的侧重点是客家民居。这一小组先从民居谈起，简单定义它是居民居住的地方。然后从客家人谈起，描述客家人是中国广东、福建、江西、台湾等地本地居民。作为南方古代汉族移民群体，客家人是世界上分布范围广泛、影响深远的民系之一。之后又谈到客家民居的特点和作者的表现手法，比如，客家民居的"材料"，是将土中掺石灰，用蛋清作黏合剂，以竹片等为筋骨建成，从这可以看出客家人聪明、包容、兼收并蓄的特点；再比如，客家民居的"结构"，文中写到三至六层，一两百间如橘瓣，分布均匀，等等。从这可以看出客家人坚毅、大气、平等互助的特点。这样从民居的特点来理解人性的特点，真的是相当聪明的分析办法呀！我不禁佩服起这些学生来，都说教学相长，真是越学越有学头呀。

再有第三组也给我留下很深的印象。他们侧重对傣家竹楼的研究。在聚焦作者用何种方法表现傣家竹楼特点时，他们不仅归纳总结出列数字、打比方、举例子、作引用等表现手法，同时将这几种方法引申到傣家竹楼的民居介绍中，如列数字——中柱有8根，竹楼由20~24根柱子构成；打比方——树满寨，花满园，绿色世界；等等。令人欣喜的是，这组同学还自觉地进行了拓展和延伸。他们选取北京四合院作为研究对象，运用以上几种表现手法，将北京四合院外观规矩，中线对称的特点介绍得十分贴切。要知道，教学的过程，教师就是教练，他的作用是启发和提示，要能点燃学生心中的引擎，让他们自行思考和拓展，展开想象的翅膀，达到举一反三。与之相反，填鸭式"灌和塞"的方法，只能阻碍学生思维，使他们关上主动学习知识的大门。

最值得一提的是第七组，他们的侧重点也在傣家竹楼。他们吸引我眼球的地方是全组5名同学都上台表演和展示。他们有人扮演竹楼前的凤尾竹，模拟竹楼边的竹林；有人扮演宽敞的院子；有人半蹲着扮演竹楼的第一层；有人高高站立扮演竹楼的中柱及第二层；还有人在做总指挥和旁白，说明每个角色的特点和功能。通过他们举着的牌子上的关键词，他们的动作和表情，以及旁白的说明，我们这些观众的确看出傣家竹楼"绿色之家"的特点。表演完后，他们还不忘从傣家竹楼出发，带我们领略"百里不同风，千里不同俗"的其他民居，如陕北的窑洞、内蒙古的蒙古包、徽派建筑的粉墙黛瓦马头墙、四川羌族民居等。他们的结束语是，我们的祖国地大物博，壮美的河山等待我们去领略与探索。结束后，全班同学报以热烈的掌声。

整体来看，这堂课在我的充分放手下，学生们选择自己喜欢的方式去梳理文章，获得了极大的自主空间。他们积极参与，情绪高涨，结果令人惊喜。下课后同学们还找我说，孙老师，什么时候再上类似的课呀，真是挺有意思的。记得德国教育学家第斯多惠曾说过，教育的本质不是传播知识、教授本领，而是唤醒、激励和鼓舞。我真想对同学们说，今天的民居课，让我看到了不一样的你们，每个小组都是一种不同风格的"民居"，你们各具特色，相互欣赏，令人百看不厌。

第二节　老桑树

校园的一角，有棵粗壮的桑葚树，十多米高，远远望去像极了柳树的轮廓。因此很少有人留意它。

初次靠近它，是带着孩子们在阳春三月去晒太阳。天气并不算暖和，体感偏凉的时候我常会裹紧外衣。只有站在太阳底下，让温润的阳光洒在身上，才能让我慢慢放松缩紧的后背。孩子们多是好动的，他们跑着跳着，不亦乐乎。每每这时候，在这一人静一群人动的世界里，我们互不干扰，互相陪伴。我是极其享受这一时刻的，只有在这时候心才可以放空，就这样感受着阳光的温度，风中传来细微的芳香，有田野的味道，甘甜中又夹带生涩。

闻香寻去，几个姑娘在树下，蹲下身子，小手捧着什么。我走过去，方才见到，这棵树下落满一地的花。顿时我想起了席慕蓉的那首《一棵开花的树》。我好奇孩子们收集落花的目的，蹲下身去询问。她们的目的也着实惊艳到了我。去年的秋天，她们将那些或深红或浅黄的叶子捡起，拼成一幅画用塑封机压好。见到这细细碎碎的小黄花，她们想继续用自然的花草去作画。佳佳说："把这种花儿撒满画面，会很梦幻。"我回办公室，拿了几个保鲜袋给她们，让她们将小花儿装好。

抬眼看去，树上还有很多未落的小花儿，嫩黄色。看着看着，似乎我也感受到佳佳所说的梦幻。

"这是什么花儿啊？"徐徐的声音总是那么富有穿透力。

"对啊，这是什么树啊？""我也不知道，等我问问，咱们再一起认识它老人家吧。"我的话音刚落，下午课的铃声响了起来，我们一起向教学楼走去。

趁着没课的时候，我赶忙去问老教师，他们告诉我，这棵树的确有年头了，当时学校还是紫绶园小学的时候它就在那儿，现在我们成为和平街第一中学的一部分已经7年有余，它依然在那儿。"这棵桑树结的桑葚很多，很甜。"我一听是桑树，喜出望外，居然还有果子吃。"老师们都忙着自己的工作，没时间留心它，它每年结的果子基本也是落在地上被鸟雀吃了。"听到这儿，我不免有些惋惜，这棵老桑树，一年一开花，一年一结果，就这样走过了7个春夏秋冬。

大课间的时候，我和孩子们分享我打探的结果。他们听到这是一棵桑树后，也很激动。我们一起走出教室，走到老桑树下，细细去看它的模样，那一刻我们一起正式认识了它。孩子们在树下徘徊，用手去触摸它的枝干，就像结识了一位新朋友。

那时候他们上二年级。接下来的日子里，我们依然在这棵老桑树下游玩。我看到炎热少雨的时候，孩子们会用水杯接满水，一个接一个地去给老桑树浇水。我想，一个孩子若对一棵树能爱惜至此，那么他对他的父母、老师、同学也会是无比关爱的。的确，我不能细数（5）班的孩子们到底经历了什么，但他们的团结和向上让全校师生交口称赞。

岁月无言地从孩子们的游戏中溜过，第一个收获季来了。满树的桑葚似乎是这位长者给孩子们的馈赠，孩子们欣喜地在树下捡拾桑葚。看他们开心的样子，我赶忙去后勤老师那里借来防雨的苫布，和孩子们一起将那约莫有十多平方米的塑料布铺在树下。孩子们向我投来赞许的目光，我和他们相视一笑。上课铃响起，小蜜蜂一样的他们向教学楼跑去，进门的瞬间又变成轻轻悄悄地行走。我喜欢看他们骤停的动作，那习以为常的行为，是眼里有规矩，心里有他人。

两节课后，大家又来到老桑树下。那日的风似乎也陶醉在孩童们的期许中，柔中带着力量，吹落了许多桑葚。眼前一幕，把我和孩子们都惊住了。肉嘟嘟的桑葚你挨着我，我挤着你，有的甚至堆成一个小山。孩子们喜出望外，叽叽喳喳不知道怎么办。"这么多，怎么办啊？"张志硕问道。"我们先把布的四角拿起来，把所有桑葚聚拢在一起。"几个孩子跑去四角，其他同学跟着帮忙。聚起来的桑葚堆成了一座大山，我对斤两虽没有多精准的概念，但是目测也有十斤（5千克）左右。

"孙老师，这么多怎么办？"

"那就洗洗分享给老师和同学们吧。"我看着满苫布的桑葚回答道。

"需要大大的盆来洗。"

"等我一下，我去食堂问问看。"想来也只有食堂会有孩子们想要的大大的盆了。

食堂就在附近，我转身走进去，和师傅说明情况，师傅豪爽地给我拿出两个和面的大盆。盆是不锈钢的，我儿时在乡下，母亲会用大铁盆洗衣服。我不禁被这比想象中还大许多的盆镇住，连连道谢。"再给您点儿盐，冲洗完用盐水泡泡。"厨师的专业给了我很好的建议。

我拿着两个大盆跑向孩子们，孩子们高兴得你一言我一语地称赞我。"学号1~17号一个盆，18~35号一个盆。"郭郭最善统筹，在动手之前便分好了组。孩子们轻轻地捧起桑葚，放在大盆中，不一会儿，每个大盆都装了多半盆。洗桑葚这件事儿，我参与得较多。一是担心盆太大孩子们把水弄到衣服上，要湿一整天才能回家换；二是怕他们用力过猛，让肉嘟嘟的桑葚洗得"血肉模糊"。

孩子们抬着两盆桑葚回到教室，我回办公室拿来一些保鲜袋。孩子们用笔开始统计我们所有的任课教师人数，并在后边备注课代表。课代表们捧着珍宝般的桑葚走出教室，自豪地去，微笑地回。最后，我们一起按小组分桑葚，孩子们边笑边吃，找寻着最大的桑葚捏在手中不忍咬下去。"你看你看，好大啊！""我这个也是。"

透过教室的窗子，老桑树依然在风中摇曳。此刻，它一定听得到孩子们爽朗的笑声，也感受得到孩子们不可言说的成长。

第三节　十分钟里乾坤大

班级文化是一种无形的教育课程，具有一种无形的教育力量。班级特色文化建设日益成为当今教育管理科学中的研究课题，也成为校园文化建设中的重点。本节从不同的方面探讨了"课间文化"建设的内涵，如有韵的课间铃声、有序的课间行走、有礼的课间语言、有益的课间活动。从这四个方面构建课间文化，找准切入点，必将极大地促进班级文化的形成，使之成为班级文化建设的一条重要途径。

一、问题的提出

近年来，学校大力倡导班级文化，它是学生受教育最直接、最重要的影响源之一，在很大程度上影响和决定着学生素质的发展。实际上，班级文化既是一种文化氛围的创建，又是对被教育者心灵的塑造。同时，构建班级特色文化也有利于学生的全面发展和个性的张扬，有利于整个学校德育工作的顺利开展，有利于提升学校形象，丰富学校文化内涵，凸显学校特色。实际上，班级文化是一种无形的教育课程，具有一种无形的教育力量。因此，班级特色文化建设日益成为当今教育管理科学中的研究课题，也成为校园文化建设中的重点，特别是小学的班级文化建设，必然要放在校园文化建设的重要位置上，成为校园文化建设的重要组成部分。

那么如何构建富有特色的班级文化就成了摆在我们每一位教育者面前必须深入思考和探究的问题。本学期我校试图从课间文化的改革上找到班级文化建设的突破口，使之成为班级文化建设的一条重要途径。

二、课间文化的理解

十分钟的课间，是学生自由活动的时间。在课间，学生的行为不仅仅表现在上上厕所喝喝水，为下节课做课前准备，而更多地表现在进行游戏活动，和教师、同学进行交流。在学生的游戏、交流等行为中折射出的是浓浓的文化气息，这些文化气息势必会对学生产生潜移默化的影响。这些文化气息可以称之为"课间文化"，它是学校文化建设，特别是班级文化建设的一个重要方面。

三、课间文化的内容及实施策略

1.有韵的课间铃声，对学生进行表层熏陶

古人云："蓬生麻中，不扶自直；白沙在涅，与之俱黑。"由此可见，环境的优劣对人的发展影响是巨大的。在课间文化建设活动中去塑造、锻炼学生，无疑比单一的说教会事半功倍，影响深远。因此我联想到了作为人类文明瑰宝的古诗词。很多父母都将诵读古诗词作为学前教育一个重要的教育内容。而对于小学教育来说，古诗词除了能够启迪儿童的语言基础外，更能初步培养学生的情感体验意识，于潜移默化中弘扬祖国的传统文化。因此我们结合学校的月德育工作重点，以每月为单位将优秀的古诗词诵读设置为上下课铃声，分三个阶段实施。首先在月初的校会上对当月的古诗词进行讲解，让全体学生知晓；然后让学生在当月的第一、二周中跟着吟诵并理解；最后在月末分年级和班级抽查背诵情况并表彰反馈。

例如，我校10月的德育主题为爱国主义教育，我们便选取王昌龄的《出塞》、李清照的《夏日绝句》两首表现爱国情怀的古诗为上下课铃声。选取古诗词时，我们还注意做到诗词不太长，语言不拗口，内容不难懂。这样长此以往，从低年级对知识的直观输入到高年级的理性构建，古诗词让学生获得了更高层次的道德教育和审美理念，必将使班级充斥浓郁的文化气息。

2.有序的课间行走，营造和谐的氛围

杜威指出："学校是一种特别的环境，它用专门的设备来教育孩子。"作为一个学生活动的重要和特殊基地——楼道，在其中有秩序地行走不仅体现了学生的个人素质和精神风貌，而且直接影响学生的身体健康，同时也避免了不必要的冲撞发生。因此我校把"慢步轻声靠右行"作为每一个学生在楼道内行走的口头语，并结合不同楼层孩子的年龄特点，制作符合其年龄和心理特点的标语提示牌。如一年级有"小脚丫常提醒，楼内走路靠右行"；二年级有"秩序行走我能行"；等等。学生在不知不觉间受到熏陶，养成文明行为习惯。

3.有礼的课间语言，积淀学生的涵养

讲礼貌是人们的道德准则。一个人是否有德可从其说话用词、语调口气、举止态度上表现出来。正确的礼貌用语能给人一种谦逊文明、恭敬有礼、落落大方的好感，且能反映出他的道德修养、思想面貌、文化水平、社会身份。因此，礼貌教育要从小抓起。我利用班队会时间结合课间文明礼貌用语对学生进行教育，教育学生要用礼貌用语主动、热情、大方地打招呼、称呼人，问早、问好、道别。教育学生当遇到困难需要帮助时要说"请您帮我……"接受帮助后，要说"谢谢"。教育学生当自己不注意影响到别人时，要主动诚恳地道歉；而当别人影响了自己时，要能克制、谅解别人，要说"没关系，不要紧"。教育学生当别人谈话时，不插嘴、不妨碍；当成年人和自己讲话时，要专心地听，不打断别人讲话；有急事需要及时谈时，要先打招呼；当别人向自己提出问题时，要认真回答。教育孩子要有良好的语言习惯，讲话时声音要适中，要让大家能听见，速度要适中，不快不慢，语言要准确，吐字要清楚；说话时，要看着对方，不要东张西望、漫不经心。一个班级的班主任与学生、学生与学生之间若能通过有礼貌的交流达到相互理解、团结、帮助，那么就能形成一种使人奋发向上的氛围。

4.有益的课间活动，深化班级文化内涵

课间活动，是根据小学生的年龄特点和生理特点而设定的。因为，小学生正处在生长发育阶段，经过每节课40分钟的学习后，会疲倦，大脑容易紧张。这时，进行一下课间活动，有益于学生身心的发展，使其心情得到放松，精神得到舒缓，也有利于适应下一课程的转换。用较短的时间，把大脑和心情调到最佳的状态，更有利于学习。那么如何利用好这10分钟，让它发挥更大的效能，是我们每一位教师应该积极思考的问题。

我们可以从以下几方面着手：课间故事会——让学生讲故事，既可以锻炼学生的口语与交际水平，积累学习素材，又可以活跃紧张的学习气氛，培养学生乐观的性情；课间音乐欣赏——一首美妙的音乐可以放松人的心情，可以陶冶人的情操，可以培养学生健康的情趣；课间拍手儿歌——结合教育内容改编的各种拍手儿歌，寓教于乐，便于在学生间传诵；课间积木拼插——通过独特的创造性设计，可以培养学生的观察力和想象力；课间才艺表演——可以展示学生青春向上的活力，可以激发学生的兴趣与爱好。这样下来，短短的课间几分钟也将变得充实并充满不同寻常的意义，也符合当今以学生为本、以学生为主体的教育理念。

四、课间文化对班级文化的促进作用

课间活动开展得丰富多彩，不仅可以填补校园文化的空白，更可以拓展学生素质教育的空间。因此我得出如下结论：从不同的方面深入挖掘"课间文化"建设的内涵，找准切入点，必能极大地促进班级文化的形成，使之成为班级文化建设的一条重要途径。

班级文化建设是一个古老而又年轻的话题，只有在不断的实践中创新，在教育改革中找准方向，才能给孩子们多创设自主发展的空间，张扬他们的个性，让孩子们在鲜活灵动的课间文化中，逐渐养成良好的习惯，也才能真正实现班级文化建设育人的功能。

第四节　玩转课间

孩子们一天中除了睡眠以外，大多数的学习与生活时间都是在校时间。在校时间又分为学习知识的课上时间与自由活动的课间休息时间。课上时间，由教师们安排授课，是系统化的学习时间。孩子们在教师的引导下，有条不紊地学习知识。余下的便是课间时间。孩子们每天上午的四个课间与下午的三个课间，除去准备学具与课间整理，这些碎片化的时间若是可以整合成一个体系加以利用，孩子们一定会取得很大的进步。近几个月，经过学习与尝试，我整理出适合一年级学生现阶段年龄与身体条件的四项体育活动：踢沙包、跳绳梯、跳长绳以及钻圈。孩子们很乐意参与其中。每项游戏除了有乐趣，还可以锻炼孩子的各项身体能力，让孩子们边玩边学，可谓是一举多得。我分享一下这几种在我们班级风行的体育活动。

1.踢沙包

沙包由一根粗绳拴住，绳子的另一头由孩子牵在手中，踢时用脚内侧接近脚掌的部位踢沙包。开展踢沙包游戏，也颇具仪式感。我组织家委会成员，购买适合孩子的沙包尺寸与样式，在家长大讲堂后组织孩子们分发沙包。孩子们在拿到各色不同的沙包后，在课间随意踢，有孩子索性做抛接玩耍了。我自己也不动声色地拿着一个沙包在孩子们中间如踢毽子般踢起来。孩子们聚拢过来，看到沙包可以在脚面飞舞，都来了兴致。孩子们的模仿能力实在不可小觑，发下沙包当天仅仅几个课间的功夫，沙包就可以在绳子的牵拉下在他们的脚面飞舞了。踢沙包小游戏，可以是竞技类的游戏，也可以是非竞技类的独立游戏，这一活动有效地锻炼了孩子的稳定性、专注力、协调性与点数能力。

2.跳绳梯

这是一款不是很常见的游戏，一般只出现在专业足球训练项目中，我是从朝阳区特教调研员培训中习得的。绳梯又叫软梯，外形构造与梯子很像，材料由扁平软麻绳与硬塑料横条构成。依据不同的面积与需求可以分隔成为6米12节、5米10节、4米8节、3米6节不等。由于学校操场面积较大，我使用10节以上的绳梯给孩子们介绍游戏玩法。首先，我演示用双脚交替开合的方式在绳梯指定的相邻格子中跳跃，跳跃速度越快越好。玩法多种多样，可以双脚或单脚跳进绳梯格子中，从起点的格子一格一格跳至终点格。此项游戏可以分组竞技，孩子们在看完我的演示以后，都摩拳擦掌，跃跃欲试。我组织孩子们轮流在绳梯上实践我所学的步调，孩子们跳得越来越敏捷。绳梯训练的目的是在游戏中潜移默化地锻炼孩子的敏捷度与协调性。孩子们乐在其中，积极性高，殊不知其中更多意义是锻炼了他们的脚步力量与速度。

3.跳长绳

由两人分别抓住长绳的两端并摇起，学生依次排队跳过长绳。想必大多数成年人都参与过这项集体协作的运动。我的孩子们第一次接触长绳是在上个月班里组织的亲子活动结束后，家长们组织的跳长绳活动。这在孩子们的眼里新鲜极了，还有这么长的绳？还可以这样跳？于是，家长们与我，一起把我们曾经年少时的游戏如文化般传承给孩子们。孩子们半信半疑地尝试这对于他们来说全新的游戏。从一开始的迟疑到最后的不肯离场，孩子们在新学游戏中获得了成就感，同时也收获了集体配合、共同努力的经历。同时，摇绳也不是一件容易的事，臂力的摇动需要与整个集体跳动的节奏融合得天衣无缝。

4.钻圈

这是我参加区里教研员活动时习得的一个活动项目。我在尝试过这项游戏以后，第一时间就想把它教给孩子们，让孩子们有所收获、有所感悟。这项游戏的开展，要求学生要以组为单位，学生手拉手横排站立，由第一位同学先钻圈，靠相邻的两位同学以蹲起、耸肩等动作将塑料圈经由身体传递至另一位同学，期间不可以用手。起初操作起来还是相当有难度的，我第一次在教研活动中接触这项活动时，实际操作了几次才获得要领。我也想观察一下孩子们在面对有难度的项目时，畏难的程度以及突破自己时是何种状态。第一组孩子在我指导下，第一、二个孩子迟疑着看着我在蹲起间拉着他们的小手将塑料圈通过耸动肩膀、经由重力滑下去而得以传递给他们。于是，他们效仿我的方法与动作，将身体钻过塑料圈，同时将圈传递给拉着手的第二个同学。"成功了！"一开始的畏难在成功传递第一次以后，变得微不足道，孩子们战胜了自我，获得了成就感。他们懂得了这个游戏需要手拉手的两人以你蹲我也蹲、你起我也起的相互密切配合的方式完成传递。于是，各小组准备就绪，每组分到一个塑料圈。我一声令下，各小组的塑料圈像获得生命般通过第一个孩子与同他拉手的孩子的配合传递至小组最后一个孩子。课间，我时常在操场上看见某个小组在指导单个成员练习相互传递的要领。孩子们从埋怨同伴速度慢变成帮助同伴共同进步，这是多么可贵的进步。

还有很多适合孩子在课间进行的体育活动，我与孩子们共同发掘体育活动的魅力。孩子们拥有无限可能，通过运动可以增进他们的感觉统合，从而增强他们的学习能力。运动能力与学习能力不是相互独立的，是相辅相成的、互相促进的。运动不仅能锻炼孩子们的身体与肌肉，还能锻炼大脑，改造心智与智商，让他们更快乐、聪明，更有幸福感。研究表明，运动能刺激脑干，提供能量，调节脑内神经递质，改变既定的观念，稳定情绪，增进学习能力。那么就让我们在课间，放孩子们去自由活动，从而获得增进学习能力的乐趣吧！

第三章　夏荷且清绝　亭亭自悠然

第一节　悦纳自己　欣赏他人

每个人都有优点和缺点，孩子亦然。正如我们班的班训"和而不同，同而不一"。在教育中要能发现每个孩子的优点，不断地进行鼓励，并激发其完善自我的勇气，让孩子悦纳自己，建立自信，孩子就会获得更好的成长。

郭郭同学是我们班的班长，成绩优异，品行良好，但是他的体育成绩不是很理想。2017年春天，五年级上学期，郭郭的学习成绩突然出现滑坡，在课堂上的表现也不积极主动了。我发现了郭郭的异常，找他谈心，了解到他由于体育成绩不符合要求而失去了"三好生"的评选资格。郭郭因此开始质疑自己、否定自己，认为自己不够优秀。我认真地跟郭郭分析他的特点，重点表扬他的创新精神、学习效率以及在美术和音乐方面的造诣等。郭郭的脸上逐渐露出笑颜，绽放出光芒。

接下来的日子，郭郭又恢复了往日的风采，在课堂上积极与老师进行互动，在课间热情为同学答疑，协调处理班级事务，踊跃参与校内外的比赛活动……处处都可以看到他朝气蓬勃、意气风发的身影。英语课上，老师用郭郭的作文做范文进行讲解；美术课上，老师留下郭郭的画作以便其他班的学生做参考；音乐课上，老师让郭郭进行口风琴演奏示范；数学课上，郭郭经常提出自己的不同见解；语文课上，郭郭经常分享自己创作的诗歌。郭郭越来越自信，越来越有魅力，以至成为同学心目中的"男神"。郭郭课外还参加了篮球和跆拳道培训，加强体育锻炼，以提高自己的体育成绩。体育老师惊喜地发现郭郭投篮动作十分标准，而且命中率很高。

　　功夫不负有心人，由于郭郭的自信和努力，他在五年级上学期取得了硕果：期末检测成绩全年级第一；体育成绩大大提高；获北京市朝阳区第十九届学生艺术节绘画小学组一等奖；获第六届"星途"中国青少年艺术素质教育展评暨国际青少年艺术交流北京地区选拔活动钢琴专业小学C组二等奖；获朝阳区第五届中小学生"七彩校园——多彩生活日记画"美术比赛高年级组二等奖；获中央音乐学院校外音乐水平考级钢琴等级六级；获剑桥英语PET（Preliminary English Test）证书。

　　李白说"天生我才必有用"，老子说"知人者智，自知者明"，爱因斯坦说"自信是向成功迈出的第一步"。悦纳自己，充分肯定自己的优点，接受自己的不完美，不断完善自我，才能做更好的自己。郭郭的体育成绩虽然有了很大的提升，超过以往"三好生"的要求，但是在期末评选"三好生"的时候，由于学校要求的体育成绩提高了，他仍然因为差两分而失去评选资格。但这次郭郭坦然地接受了这个结果，不纠结、不遗憾。他信心满满地对我说："老师，不得三好生也没关系，我已经证明了我可以做得更好，我会更加努力，让自己更优秀。"

　　悦纳自己　欣赏他人，让孩子更好地成长。其实，班里像郭郭一样优秀的孩子还有很多，因为"三好生"名额有限，很多孩子都没能当选。但是，他们彼此信任，相互欣赏，营造了一种接纳自己也欣赏他人的班级氛围。郭郭常说，我不和其他人比，我只和我自己比，努力就好，不必去纠结结果。因为纠结根本于事无补，这种糟糕的情绪会产生很多问题，原本没能评选上"三好生"已经是一件很遗憾的事，这个时候再去纠结，就相当于在糟糕的事情上再附加糟糕的心情。所以，郭郭说他愿意相信孙老师的话，一个人站在阳光下，有迎面的阳光，也有背后的影子，他愿意走出自己的糟糕情绪，一路在阳光下成长，让自己自信也让自己欣赏他人。在郭郭的带动下，班中很多孩子都释然了，我想他们的收获要远比得到"三好生"的喜悦大得多，丰厚得多。

　　有郭郭的影响，同学们接受了现实，并用积极的思维方式去思考问题。后来，我们的每一次竞选更精彩，也更有人情味儿。在（5）班，每个人都有自己的优点，每个人都能悦纳自己，我想唯有爱和支持能让孩子感受到老师、同学的欣赏，并在这一过程中，让自己成为一个温暖的人，和集体契合并交融在一起，不可分割，也不过分粘连，这便是对"和而不同，同而不一"这一班级文化的完美诠释。

第二节　信任在左　支持在右

我们班的孩子绝大多数都是活泼开朗，爱笑、爱跳、爱说的。但有一名叫惠乔的小女孩的各种行为却是那么与众不同。

从一年级到六年级，她都不怎么爱说话，也不那么爱表达自己的情感。每次班里有什么活动，她也不会像很多孩子那样激动和兴奋。记得有时同学过生日，家长会送来蛋糕，整个班的同学和老师在空余时间会分享生日蛋糕。孩子间有互相抹蛋糕的，互相玩笑嬉闹的，欢声笑语，非常热闹和兴奋。唯有她，微笑着吃完蛋糕，安安静静坐在座位上，看着同学们嬉闹玩耍。

课间休息，同学们喜欢走到关系亲近的好朋友身边聊天，或者一同出教室打水、上卫生间。学校体育课，有时会安排自由活动。自由活动时间，关系亲近的同学总会聚在一起互动。她没有关系特别近的同学，总是独来独往。直到四年级，她好像有了一位聊得来的同学，我发现课间或者体育课自由活动时，她们会在一起聊聊天，一起活动。后来了解到，那是因为她们有共同的爱好和共同的话题。

最初，我在想：这个孩子她孤独吗？她的内心健康吗？我是否需要去引导她更多地参与集体活动、让她结交更多的朋友呢？我该怎么办才好呢？

与孩子家长沟通才能更多地了解她的具体情况。于是，我与她的妈妈做了一些沟通。我发现原来这孩子从小就特别安静和专注。她在幼儿园期间就比较喜欢独来独往，不喜欢嬉闹，也不喜欢热情地打招呼，一般就是微笑或者摆摆手示意。

这让我想起一本经典绘本《爱花的牛》。绘本讲的是在西班牙的一个牧场里，有一头牛，名叫费迪南。其他的牛都喜欢跑跑跳跳、互相抵角，费迪南的妈妈也劝他可以这么玩耍，但是费迪南不喜欢。他常常坐在牧场外那棵最爱的树下，静静地闻着花香。费迪南的妈妈对此很担心，因为在她看来自己的孩子跟其他的牛是如此不同——他不喜欢正常牛的一切行为，只是独自静静地呆着，看起来是如此的孤独。妈妈实在有些担心，于是，就走到牛宝宝的身边，询问道："你可以和其他的小伙伴们一起玩耍啊，一起跑，一起抵角，多开心啊！"但是费迪南回答道："妈妈，我更喜欢静静地坐着，闻闻花香。"这本绘本给了我一些启示：惠乔在做着自己喜欢的事情，自得其乐，一点都不孤单。我能做的，就是相信她：她是优秀的，她是与众不同的，她能做好她自己！她不会受到外界的影响，她能真实地做好她自己。

我会随时观察每一个孩子，我没有刻意去关注她，没有刻意去干扰她，而是让她按照自己的规律、自己的路线成长和进步。确实，她的安静和专注带给她不少好处。

她爱好阅读，爱好折纸和手工，一坐下来几个小时都能专心致志地去阅读书籍或者完成她的手工作品。因为她喜欢阅读，中英文阅读量都非常大，所以积累了很多词汇和知识。我交给她的任务，她可以非常认真和踏实地完成，绝对不会出纰漏。

记得上二年级时，区里举行了一次英语口语大赛，全校只能派一个代表去参加个人赛比赛。我推荐了惠乔去参加个人赛。果然不负众望，她沉着上台，台风精彩，最终和众多学校高年级学生一起对决，获得了二等奖。

四年级时，新西兰代表团来我校交流考察，我又推荐她，让她代表全校师生致"欢迎辞"，还给校长做翻译，她都完成得非常精彩，获得外宾的赞扬和好评。

她的学习成绩、体育成绩都越来越好。她练习跆拳道后，坚韧在她身上体现得很到位。她有时一个暑假都在集训跆拳道，酷暑和艰苦的训练都没有让她退缩。五年级和六年级参加北京市和朝阳区跆拳道比赛，都获得了很好的名次。每次我只需对她说："我相信你，惠乔！"我能看到她眼睛里的淡定和坚持。

六年时光，她静静地、默默地在班级里学习。我没有直接表达过对她的特别关爱，也没有得到过她对我直接表达的对老师的敬爱。我们之间的爱是自然而然的，我们懂彼此，尊重彼此。

上了初中后的某一天，她的妈妈告诉我，她写了一篇文章《我心中最亮的星》，写的是我，主题是我对她的信任，让她一直向前……

第三节　心之所向　素履可往

最近，日本作家东野圭吾的一本书《解忧杂货店》很流行。中国作家协会的会员止庵评价道：这本书是一本表达温情恰到好处的书，它写出了人与人之间都有的那么一点可以相信的地方。你相信我，所以给我写信，而我也相信你，所以给你回信。写信，这种古老的沟通方式，至今还闪烁着耀眼的光芒。对于高阶段的小学生，他们已经开始有了青春期的萌动，有了自我意识的苏醒，性格发展也到了关键期。对于这一时期的孩子，有时当面的沟通、即时的沟通并不见效，或者效果不好。于是，我想起了书信这种沟通方式。也许在社会交际手段繁多的当代，重拾书信，规避当下的冲动和冒进，留给双方冷静的时间，同时更理性、更周全地考虑整个事件，不失为一种好选择。

我给我和学生沟通的信箱起了一个名字，叫"解忧杂货店"，意为每个孩子都有机会倾诉自己心中的苦闷，找到一个发泄的窗口。经过一段时间的尝试，我发现孩子多数的问题是"如何做选择"。比如，课业与兴趣爱好冲突，我是选择主课呢？还是坚持不放弃业余兴趣的学习？比如，毕业季，我锁定了几个目标学校，有的要住校却有很好的资源，有的名气小但却有我喜欢的实验班且离家近。怎么选？再比如，我有一个重要比赛，但同时还有学业考试，我都想拿到好成绩。怎么办？等等。有人说人生就是选择的总和，这大概说出了人生的本质。

记得心理学中有一个效应叫"自我选择效应"，它所要表达的主要意思是：什么样的选择，决定什么样的生活。今天的生活是由三年前我们的选择决定的，而今天我们的选择将决定我们三年后的生活。因为心理学家们经研究发现，一旦一个人选择了某一条生活道路，就会有在这条路上走下去的心理惯性并不断自我强化。如果我们要在半途转向其他的道路，将付出更高的成本。这个心理学效应教会我们，一定要慎重面对人生的重大选择。我想，授人以鱼，不如授人以渔。在回答了几次单个同学的选择题后，我专门给孩子们做了一个专题座谈会，主题是如何做选择，题目叫"勇于选择，悦纳自己"。首先，我告诉孩子们，人生会面临许多选择，面对众多选择，我们要做的就是学会选择，让每次的选择都成为我们的人生助力。

我把自己做选择的原则分享出来，并总结为四点：

（1）定义问题，只做核心问题的选择。

（2）保证每个选项都是可以实现的。

（3）忠于自己的选择。

（4）尽快选择，给选择一个deadline（死限）。

我给孩子们解释说，当问题出现时，我们必须去掉复杂的干扰因素，只考虑其最核心的问题。不可能实现或者不能做到的选项根本不具备任何意义，无须列入考虑范畴。选择即意味着放弃，忠于自己的选择才能弥补放弃的代价，这条最难做到。就机会成本而言，不忠于选择的结果会导致成本翻倍。最后一个原则就是要及时、快速地选择，不要拖延，如果不及时做出选择可能会付出更大的代价。孩子们听到这里，似懂非懂的样子。我立刻明白，不能光讲理论知识，得讲实操方法。因为对于11~12岁的孩子来说，他们的心智成熟度还不够，对于许多道理，表面上看是听懂了，但实际做起来，却很难达到"知行合一"。于是我又告诉他们做选择的具体方法是优劣势对比。

这种方法是富兰克林在其自传中提到的，经过我多次实践，感觉既简单又非常有效。假设某件事情，既有许多优势，也有不少劣势，你处于难以选择的境地。那么你可以先把优势写在一张纸的左边，把劣势写在右边，然后仔细分析每一项，确认同一排的选项具有同等的效力。最后，优势数量多的自然成为必然的选择。我给孩子们举例说，如果你交了一个朋友，他有许多优点，但也有不少缺点，你在想是否继续和他做朋友，这就是一道选择题。那么用老师的这种优劣势比较法，你可以把他的优点写在纸的左边，把缺点写在纸的右边，然后比较一下，哪边多，你的选择也就明朗了。

毕业的那一年，我们班上的颜百合同学面临是否以特长生身份进入××中学的选择。她从小学习长笛，有很好的音乐细胞，是学校合唱团的骨干，并担任学校管乐团长笛首席。她参加过国内许多合唱与管乐比赛，屡次得奖。××中是特色学校，她有机会以特长生身份进入××中学，但也有许多不利因素，所以比较纠结。最终，她运用我教的如何做选择的方法，淡定地选择了放弃该学校，最终这孩子升入和平街第一中学的初中。她曾给我看过她做优劣势对比选择的信纸。标题是：是否以特长生身份进入××中学。纸的左边是优势，共两项：金鹏社团对学习长笛专业有利；有希望进"2+4"班（该学校对特优生开设的特殊通道，初中两年高中四年锁定连读）。纸的右边是劣势，共四项：只能进艺术班，与其他班有课业上的差别；长笛艺术并不是自己由衷喜爱并愿意作为终身发展方向的，只是个特长和跳板；进"2+4"班的竞争非常激烈，课业成绩几乎是全班前五才有可能，难度和压力均很大；离家很远，每天路上花费时间为两小时以上。综合比较，最关键的两条劣势是中间两条，所以她坚决放弃了以特长生身份进××中学。

像颜百合这样运用我教授的方法做出选择的例子还有很多。我很庆幸，我的学生能学以致用，用我讲授的知识、技能、方法、道理来武装自己，给自己的人生增光添彩，这难道不正是做老师的乐趣吗？

《解忧杂货店》里主人公敦也收到的杂货店老板回信中有这样一段话："如果把来找我咨询的人比喻成迷途的羔羊，通常他们手上都有地图，却没有去看，或是不知道自己目前的位置。但我相信你不属于这两种情况。你的地图是一张白纸，所以即使想决定目的地，也不知道路在哪里……换个角度来看，正因为是一张白纸，才可以随心所欲地描绘地图。一切全在你自己。我衷心祈祷你可以相信自己，无悔地燃烧自己的人生。"我相信，我的学生们也像一张张白纸，他们拥有描绘无限壮美图画的可能，正如我无悔于我对做教师这个职业的选择，我享受着这个职业带来的无比的快乐！

第四节 反思+努力=飞跃

　　万事万物都有其发展的规律：春夏秋冬，四季更迭；在春季里播种，在秋季里收获；桃花三月开，菊花九月开，各自等时来。既然规律是客观存在的，我们该怎么办呢？是死守规律、不思变革，还是探寻规律、勇于创新呢？答案肯定是后者，毋庸置疑。如果我们都死守规律、不思变革，那么人世间就不会有电灯的出现，人类就不会登上月球，也不会有那么多脍炙人口的作品问世。在教学中，我鼓励学生要勇于创新。勇于创新不是盲目地去违背规律，而是要探索规律、尊重规律、掌握规律，然后利用规律。在创新中要敢于试错并及时纠错，有时候从失败中学到的东西比在成功中学到的东西还要多，且更有利于进步和提高。

　　郭郭是我的学生，2018年毕业后进入海淀区一所重点中学。在入学两个月后的一天，他的妈妈跟我聊天，提起了郭郭入学后第一次月考和期中考试的成绩。在月考中，郭郭语文成绩不理想，满分40分的作文只得到了10多分。这个成绩吓到了郭郭和他的妈妈，我听到后也是大吃一惊，小学毕业考试时作文满分的孩子怎么会出现这样的情况。紧接着，郭郭妈妈讲述了后续的事情。母子俩认真分析了问题出现的原因，发现原来郭郭在月考时想尝试新的写作方法，却忘记考试是有时间限制的。郭郭刚写了开头，篇幅还不到三分之一就到了交卷时间，导致作文的分数很低，但是基础题部分郭郭基本没有丢分。

　　事情已然发生，母子俩没有纠结于分数本身，而是进行全面审视，不仅分析了出现的问题，还对自身情况及发展趋势做了评估。郭郭说："小学六年，经过孙老师的培养，我的语文素养是很不错的。"妈妈对郭郭说："你看，语、数、英三科的总分，你与年级第一名的差距不到20分，这不就是你丢失的作文分数吗？这说明你的能力很强。只要你继续努力，避免类似的大失误，成绩一定会很优秀。而且，你勇敢尝试新事物是非常棒的，但以后要注意时间和场合。"进入初中，到了一个新的环境，接触到很多新的同学，郭郭原本有些压力，经过这次分析，他的压力得到了释放，变得更有信心了，也更努力学习。期中考试，郭郭用实力证明了母子俩的估计，郭郭的成绩真的名列前茅。除此之外，郭郭的一篇文章也被选入校刊进行发布。

郭郭妈妈说："孙老师，郭郭在小学阶段养成的好习惯是他跌倒后能够很快爬起来的原因。在家长会上，现在的班主任着重点名表扬了郭郭，说他是班里各方面习惯都非常好的学生。""一羽示风向，一草示水流。"郭郭敢于尝试、不怕犯错，勇于探寻规律和创新的精神是他不断突破、进步神速的法宝。

我感到非常开心，不止是因为郭郭妈妈对我的认可，更是因为这证明了我教育方法的正确。

郭郭的飞跃是他反思和努力的结果，他在小学六年的学习和生活中，一直善于反思。在每周的"班级事务大家说"中，他不仅能发现问题，还能剖析原因，给出建议。我想，他之所以能在低谷中不气馁，并且及时纠错这都源于其在班级管理中形成的思维方式。他的思维模式影响着（5）班的同学们，让同学们构建积极的思维，遇事冷静并及时想办法。在和（5）班聚会的时候，孩子们都谈到了小升初时的节奏变化，但是他们无一例外都快速进入状态，很多孩子都是年级的佼佼者。看到他们如此骄人的成绩，我开心极了。

第四章　夏日照云池　晴天雨亦奇

第一节　一百元的价值

那是一个初春的清晨，清冽的空气让人不禁裹紧衣袖，抬眼望去，远方的朝霞亲吻着大地。忽然，视线中出现一只喜鹊，划过几缕春风，停在枝头。伴着它起飞的弧线，上操的铃声响起了。

像往常一样，体委干脆利落地整队；像往常一样，孩子们迅速到达升旗的位置。回班后的第一件事儿，便是收餐费。也像往常一样，我收一份钱就在对应孩子的学号上打一个对勾。刚收到第二组，抬眼看到五组小星正焦急地举着手。"宝儿，怎么啦？""孙老师，我的钱少了一百，可是上操之前我的钱还都在笔袋中。"小星的眼睛里噙满了泪水，脸上满是不安和恐惧。我停下手中的活儿，走到他身边，让他在书包和桌斗里仔细找找。他坚定地告诉我已经找过好几遍了。这一刻，我意识到班级里丢钱了。

我让他先坐下。收完其他孩子的饭费，我走到讲台上。一年级的孩子在表述上并不占优势，更多的时候，需要我们去观察，从他们的行为和表情中去读懂孩子。当我开口说话时，35个孩子的眼睛齐刷刷地看着我，这不是平日里的专注，而是好奇和惊讶，他们和我一样无比地想知道小星的一百元钱去了哪里。

"小星的一百元钱不知道去哪儿了，如果哪位同学看到了，课下给他就好了，我们先上课。"轻描淡写的一句话抑制住了大家的好奇心。课上，我像往常一样授课，然而和往常不一样的是，我在留心每个孩子的表情。很快，我发现小星前位的小A显得局促不安，用手反复搓着自己的橡皮，在与我的对视中目光也开始躲闪。我努力回想，升旗的过程中，他告诉我想去卫生间，我允许后他离开了队伍。基于时机和表情，我初步判断是小A拿了小星的钱。

我并没有急于去找他，因为我期待着他能来找我，告诉我钱找到了。然而等了两个课间，未果。第三节课，我以抱着一摞试卷不能拿水杯为由，在小A经过我的时候，让他帮忙把水杯送到我办公室。他小心翼翼地走在我后面，脚步轻得像只踩着肉垫的小猫咪。到了办公室，我故作从容地问道："宝儿，最近有没有想买的玩具？"小A一怔，支支吾吾地说没有。"你最近听讲特别认真，老师看到了你的努力，很喜欢积极回答问题的你，所以想买个礼物送给你。"突如其来的反转让他不知所措，眼睛里闪烁的惊喜马上又变得黯然无色，我更加笃定他内心的煎熬和矛盾。"没关系，你先想一想，放学前告诉我就可以。""老师，我想要有小星星的那种本子。"那种本子的确是孩子们极其喜欢的，封皮里有一层液体，液体里有五颜六色的小星星，只要稍一动，星星们便开始"游动"。这在孩子们眼中，也许像星系一样神秘和有趣。

我故意和孩子多聊了几分钟，因为下节课是户外课，拖到估摸着体育老师将队伍带走，我才放小A回去。"宝儿，上体育课了，你回班喝点儿水就赶紧去操场上课吧。"小A和我说了声再见，一路小跑，出了办公室。从他匆忙的脚步声中，我知道他做了最后的决定。体育课后，小星拿着一百元钱来找我……

我没有对这件事做任何后续的教育，只是买了一个星星的本子送给了小A。每个人的成长都会有一些不想为人知的事情，然而胸怀博大可以稀释忧愁，深色可以覆盖浅色。后来的日子里，小A更加努力学习，他用他自己的行动告诉我他可以更好。

故事并没有结束，在毕业典礼后，小A送了我一个本子，精美的信纸包着我送给他的本子，上边赫然写着：

亲爱的孙老师：

每当我看到这个本子，都想起那一百元钱，那时的我只想买这个妈妈坚持不给我买的本子，我为这个行为感到羞愧，是您的包容和接纳让我走出自己的错误，并发誓在今后的日子里绝不动别人的东西。偷偷告诉您，那个学期末，我鼓足全身的勇气和小星承认了错误，并得到了他的谅解。小星说那是我们永远的秘密。行将分离，我把这个本子存放在您这里，让它成为我们之间永远的联结。

永远爱您的小A

那一刻淘气的泪水顺着我的脸颊落在衣襟上……

七月的骄阳炙烤着大地，垂柳轻柔地起舞，初春那稍显笨拙的枝条此刻已经从容地生长，鸟儿的轻飞弹动着那一抹绿，在风中律动。

第二节　遇到喜欢的他

豆蔻年华的美，是含蓄中略带羞涩，热烈却又内敛。（5）班的孩子几乎不去其他班，他们都有自己喜好的事情做，有的写诗，有的作画，还有的抱着一本书读得津津有味。然而，班中一个女孩儿却常踩着下课的铃声出去，踩着上课的铃声回来。我感到很好奇，决定问问她。

"雨盈，最近课间总跑出去干吗啦？"我以一种闲聊的口吻问道。

"啊？没干吗啊！去卫生间啦。"雨盈闪着大眼睛笑着回答我。

"卫生间也不在你去的方向啊，舍近求远啦？"我继续追问。

这时，徐徐、可欣跑了过来，笑里藏着诡异。我也笑笑，不再作声，低头批改作业。

"嗯，去找谁啦？找谁啦？"徐徐边笑边抓着雨盈痒痒。"坦白交代吧！"可欣也凑了上去。顷刻间，三个孩子闹成了一团。

在和（5）班的相处中，我在学习上对他们有要求，生活中却很少有要求，所以我们之间似乎永远都是一种和谐、平等的关系。他们每次见到我表现出来的都是满脸的喜悦，而非内心的畏惧。他们让我融入其中，感受他们的幸福和小纠结。

看着三个孩子闹得不可开交，凭着职业的高敏感度，我起身问道："谁家的小孩那么有福气，被我们雨盈看上啦？"

"哈哈哈，你看吧，我就说瞒不过孙老师。姓李哦，（6）班的，您猜吧！"徐徐边笑边说。

"哪有，上课啦，上课啦！"雨盈推着徐徐回了座位。

那一天，我突然有种"吾家有女初长成"的感觉。不是夸自己的学生，而是雨盈的确是一个聪颖善思的窈窕淑女。她静下来可以看一整天的书，动起来有着感染他人的力量。回到办公室，我赶忙去找（6）班老师，问她要（6）班的学生名单。（6）班班主任思思年轻可人，深得孩子喜爱。"我看看你们班有几个姓李的男孩儿。"话音刚落，思思放下水杯，调侃着说："咱俩'家长'先把把关，你是找你们班雨盈喜欢的人吧，我们班李某某，决不让你失望。"我俩顿时笑了起来，李某某是我们年级公认的好学生，为人宽厚，成绩优异。当然，我们雨盈成绩也是非常优异的。

那天大课间，像往常一样，我坐在操场的草坪上，看着孩子们三五成群地踢球、跑步……雨盈就在离我不远处，正巧，我们的目光对在了一起。我一个手势，她跑了过来，和我一起坐在草坪上。我们聊起李某某，她满是不好意思。我告诉她，喜欢一个人是很幸福的，如果能让彼此更优秀就更好了，另外不可逾矩，要先安心完成自己的学业。我很直接，雨盈也很坦诚。她表示的确对李某有好感，喜欢他的性格，欣赏他的能力，但会保证成绩，且不去打扰。

那之后的一个月，孩子们便毕业了。雨盈转去了天津，走之前她来找我，将她亲手为我叠的一整盒星星赠予我，我将自己心爱的带作者亲笔签名的书赠予她。那本《驯鹿人的孩子》美的不仅仅是画面，更是作家找寻那片神圣的净土时所发生的故事。

这个和我分享幸福感的女孩儿虽然已经毕业，但我喜爱她的真诚。在与她的相处中，我看到她的活力和梦想，愿她一路采撷成长的乐趣。我不去压制她的感情，因为已经发生，但是我依然需要引导她，让她怀揣着美妙的感情不断完善自己，也成全他人。

第三节　过山车

　　闲云潭影日悠悠，岁月无言，转眼间我的学生们已经上五年级了，他们整体都乐观好学，有着很强的上进心。然而，班中有一个孩子在单元测试中成绩像过山车一样，忽上忽下，让我很是焦虑。

　　诚诚是个非常懂事的孩子，平时上课绝不会扰乱课堂纪律。我一直认为他很沉稳，也认为他的成绩会像他的性格一样沉稳。以往，他会认真地把考卷归纳在自己的文件袋中。可是这个学期以来，不管是考得好还是不好，他都是随手夹在书中，不像往常那般在意。我问诚诚："怎么不见你心爱的文件夹了？""没什么，丢了。""啊，那我送你一个吧，正好我这里还有。"我赶忙回应道。谁知道他淡淡地说了一句："谢谢您。不过，您自己留着用吧，我懒得整理了。"

　　看到他如此低沉，我也不好再去追问。决定找他的好朋友聊一聊。小帅每天都和诚诚一起上下学，从他嘴中我得知诚诚的爸爸妈妈正在闹离婚，三天两头在家里吵来吵去，诚诚觉得在家中特别没有意思，烦得都想离家出走。得知情况后，我赶忙和他父母取得联系，先向诚诚爸妈反馈了孩子在校的表现。谁知，诚诚爸爸直言孩子该挨揍了，妈妈则说工作太忙了，孩子以前一直都很好，自己会留意的。

　　这个案例本身不难看出诚诚出现成绩起伏的原因在家庭环境上，他把由家庭纠纷造成的烦躁心情带到了学业上，对学习也开始厌倦，认为学好学坏都没有办法让父母停止争吵。五年级的学生是情感和情绪的突变期，他们很容易在这一时期形成叛逆心理，进而转化成问题学生。

　　面对诚诚，我必须做到以下几点：

　　（1）接纳学生的错误，对错误本身进行冷静评价。找到诚诚，在一个相对放松的地方，比如说操场上或者体育馆中，平静地谈一次话，客观地谈谈诚诚这一学期的变化，并给出建议。学生的本职任务是学习，单元测试是对阶段性学习的检测，如果有影响心情的事情，可以找释放的途径，但不能一直萎靡不振，要知道重要的事情先来做。当下，最重要的便是学习。

（2）倾听学生的心声，容允学生在成长中走弯路。在教书育人上，教师都希望自己的学生奔向目的地，最好是快马加鞭。然而，成长这件事，最是急不得，一定要因势利导，容允学生在成长过程中走弯路，慢慢启发，不可简单粗暴地批评。

（3）静下心来，梳理单元知识点。诚诚是个很聪明的孩子，单元成绩下滑，一定是在知识的掌握上出现了问题，可以帮助诚诚对本单元的知识进行再梳理。

（4）解铃还须系铃人，做好家长工作。应该及时和家长沟通，把诚诚的情况说给他们听，让其爸爸妈妈解决好家庭关系，至少尽自己最大努力，不在孩子面前争吵，让诚诚在一个舒适又平静的家庭氛围中学习。

我给诚诚的家人提出如下建议：

（1）处理好家庭关系，减轻孩子的焦虑情绪。每个放学回家的孩子，都希望家中爸爸妈妈和谐，这会让他们感到安全又愉悦。

（2）深度谈话，向孩子道歉。爸爸妈妈有着各种各样的压力，孩子也一样，但是父母的争吵的确会在孩子心里留下阴影，造成孩子的叛逆。所以，当父母做错了，不要想着自己是长辈，一味地认为不必向孩子低头。坦诚地向孩子道歉，直面自己的问题，请孩子理解大人的不完美，让孩子看到身为父母改正自己的问题的决心和行动，更能调动孩子调整自己的决心。

（3）读书看报，为孩子营造学习的氛围。学习需要安静的环境和平静的心情。正所谓好的招致好的，坏的招致坏的，如果父母身体力行，做个爱读书的人，孩子也会变得上进和好学。在孩子学习的过程中，家长要放下手机，关掉电视，安安静静地干自己的事情。这个行为，比家长一边拿着手机看，一边呵斥孩子赶紧写作业要实用和有效得多。

（4）查漏补缺，整理试卷错题。诚诚这一学期出现成绩起伏是源于父母争吵影响了情绪，变得叛逆。如果爸爸妈妈道歉以后，帮助诚诚整理这一学期的错题，诚诚会动力十足。所以，当孩子出现成绩起伏时，家长要梳理好情绪，然后对知识点进行查漏补缺，让孩子尽快补上知识漏洞。

第四节 便签纸上的微笑

我何其幸运，可以与如此灵动的孩子们朝夕相处，伴着他们学习，给他们解惑，看着他们嬉笑与跳跃，感受着他们每一天的奇思妙想甚至小情绪。若说孩子们的心性可以绽放并幻化出七彩的光环，那么每个孩子都是自带不同色彩光环、行走于人间的小精灵。

赤、橙、黄、绿、青、蓝、紫，明亮如彩虹般，每个孩子都掌管着属于自己那一抹梦幻的色彩。红色，象征热烈与激情；橙色，象征温暖与友好；黄色，象征单纯与光明；绿色，象征生命与平和；青色，象征信任与真诚；蓝色，象征稳定与冷静；紫色，象征浪漫与神秘。有的小精灵，光环中多了些绿色少了些红色，他便是内敛与羞涩的；有的小精灵，光环中少了些许蓝色，但红色太过耀眼，则会给他自己带来一些小困扰。

下面，我就来讲述一位因拥有过多红色光环的小精灵。去年九月新学期伊始，一群充满朝气的一年级新生带着稚嫩的话语，雀跃着、簇拥着来到我的身边，一声声的"孙老师"带给我的是责任心与使命感。我仔细观察着每一位孩子是否适应从幼儿园至小学生阶段的衔接。其中有一位孩子以过于充沛的精力、课上频繁的说话声、偶尔爆发的小情绪与天马行空的思路立刻吸引了我的注意力。

这位小精灵是畅畅，他是个很聪明的孩子。在日常教学中，我观察到他接受知识的能力很快，随堂很迅速就能掌握知识点，并立即可以举一反三地将知识巩固下来。可是他性格偏急，即便是课上，一旦有想法时，也会急不可待地将全部想法脱口而出。虽然各科老师数次提示他上课要举手回答问题，但他半数时间依然故我。经过与畅畅家长的沟通，我建议家校配合给孩子进行规则意识的培养，纠正孩子的这一问题。于是，畅畅在一年级下半学期，懂得了回答问题前要先举手，经老师允许再回答的道理，较之前有很大进步。但这又引发了一系列新的小插曲。若是某次畅畅按要求举手回答问题回答错了，他便会深陷自己的错误而不可自拔地引发情绪问题。严重时，他会不可控地大声哭闹。五月底，畅畅在贾奕祺妈妈组织的家长大讲堂上，便发生了上述他举手回答问题答错，没有得到小奖励，而引发他情绪爆发的事件。畅畅边哭闹，边指责讲课的家长，一声声"我讨厌你"让场面陷入尴尬。他的情绪无法平复，经我与家长的反复疏导，他才慢慢平静地接受游戏规则。

我在思索，若是尝试把游戏规则与后果提前讲给畅畅，密切关注他的情绪，是否可以改善孩子的状况呢？班级迎来了新一期的家长课堂，由颜百宽妈妈讲述绘本。她在开课前做足了功课，向上一期讲课的贾奕祺妈妈请教，与我询问流程以及如何调动孩子的情绪、如何疏导突发情绪的孩子。这次家长大课堂较之上一次，畅畅在情绪爆发的临界点，由我与授课家长提前疏导，请他上台来参与，释放其精力，成功将其情绪爆发转化成有自主意愿的舞台参与。这次尝试，有效控制了孩子的情绪爆发，减少了孩子的自我纠结。

我想，若是每日及时给畅畅的心情和想法做舒缓，未雨绸缪，是否可以慢慢提高孩子的认知、磨去孩子急躁易怒的棱角呢？我每天课间与畅畅聊天，与他分享我的心情，给他讲述我年少时遇到挫折如何对待的故事。他慢慢变得平和，乐意坐下来与我分享他的心情。我们像朋友一样，彼此分享着小秘密。我与他约定，若是心情不好的时候，不能情绪爆发，要先思考三秒。有任何情绪的时候，无论高兴或是困扰，都可以画在便签纸上来找我诉说。我真心地想做他的知心大姐姐，分享他的喜乐与困扰，为他排忧解难。

时光荏苒，我们迎来一年级下学期新生第一批入队，这也是让畅畅的家长紧张的一件事。畅畅没有选入第一批入队名单，他回家后情绪特别不好。我观察到，他在学校的几日也是无精打采，陷入自卑与纠结中。家长与我预估入队仪式那一天，畅畅会有情绪爆发的可能性。于是我在正式入队仪式开始前几天，便时常找他谈心。他在便签纸上画满了笑脸，我知道这是他情绪的表达，看来他欣然接受了自己第二批入队的现实，他不再为第一批没能入队而纠结。举行入队仪式那天，畅畅在未能入队的阵列里面，给第一批入队的同学致以热烈的掌声。红领巾此刻显得更加鲜红，畅畅的笑脸与决心同时也赢得了同学们的赞赏。

每天，我的办公室里都会有画着不同笑脸的便签纸。我知道，这是畅畅来向我表达，他在用我们之间特有的方式悄悄地告诉我："孙老师，您看，我今天是微笑的哦。"

第五节 女王的海盗船

2018年的开学季，我迎来了42个小萌娃，一年级的他们有着如水般清澈的眸子，像跳跃着的精灵在教室里玩耍。有个孩子叫小睿，他动作敏捷、思维活跃。初接班，我还处在慢慢了解孩子、了解家长的阶段。

一天晚上，我接到小睿妈妈的信息，大概意思是小睿胸前有一小块儿磕青了的地方，问我怎么回事。我顿时蒙住了，我们成年人都常不小心磕青一块儿，更何况是生性好动的孩子。可是妈妈如此紧张和焦虑，我想也一定有她的原因。我马上回过去，问她是否问清楚了。妈妈的意思是说小睿说不清楚，后来又说是同学碰到了他，让我自己亲自去问。

第二天，我找到小睿，想看看孩子是否能说清。谁知道，我还没开口说话，只是叫他过来找我一下，而且是和颜悦色地说，小睿却用手指指着我，激动地吼到："我告诉你，你要是敢打我，我爸就来打你。"那一刻，我看着这个小家伙的架势，不禁笑了。我知道我们刚刚开学，彼此还不熟悉，他在用他自己的方式保护自己，只是有些过激。小睿吹胡子瞪眼睛地耍厉害，我则站在他面前安静地听他说，我也知道他在试探我。

待他发泄完情绪，我平静地问："小睿，你知道孙老师找你干什么吗？"小睿不作答，眼睛瞪得圆溜溜的，一脸怒气。我接着说："听你妈妈说，你的胸前有一块淤青，孙老师想问问你是否记得是在哪里磕的，这样我好帮你把伤到你的地方贴上护角。"小睿的暴脾气稍稍缓解了一些，他的回答和妈妈反馈给我的差不多。就在这时，其他班的孩子经过小睿身边，小睿嘴里嘟囔着："总欺负我！"

刚好上课铃声响起了，我让小睿先回去上课。但是作为一名教师，我有着敏锐的洞察力和分析力。回办公室后，我联系了家委会成员，他们的孩子和小睿在同一个幼儿园。我得知小睿在幼儿园的时候，因为长得瘦小，常被同学欺负，所以小睿的自我保护意识极强。找到问题的症结，我便整理了自己的思路和小睿妈妈去谈。

我们的交谈很顺畅，小睿妈妈其实是一个通情达理且非常真诚的人。我先打消她的顾虑，让她放心。然后说作为班主任我不仅要关注小睿的成长，也会关注整个班的成长。我又谈到武力并不是解决问题的途径，而且很多时候，武力会激化矛盾，造成一系列的问题。另外，小睿在武力上并不占优势，他虽灵便但很瘦小，将来如果遇到比他强壮的人，小睿用武力解决问题的方式会伤害到自己而不是别人。小睿妈妈听完我的分析后，表示赞同。妈妈在和小睿的沟通中慢慢引导他有问题找老师，保护好自己。我在学校也引导小睿尊重师长，团结同学。

一个学年过去了，我们之间发生了很多故事。我们在故事中走近彼此，他让我看到儿童的稚气，我让他懂得温暖自己和他人。现在的他，学业成绩优秀，同伴关系日渐融洽，并懂得爱与尊重。

一个孩子的成长是有反复性的，小睿在调整自己的路上也出现了波动。当我们都欣喜地看到他变得主动和同学交朋友的时候，他又犯了一次之前的善于攻击和指责的毛病。那天他在楼道里跑，在体育课上不听老师的教导，我找到他之后让他说一说当天发生了什么事情。他开口的第一句话就是："别人也跑了，我是被带着跑的。"从这件事情上看，他依然是过度保护自己的。我和他苦口婆心地聊了半节课，告诉他，遇到事情要先找自己的原因，再找别人的原因，然后想一想谁的原因更大，最后再思考下次遇到这样的事情该怎么做。小睿似懂非懂地点点头。

我知道小睿是个有创造性的孩子，我相信他成长的力量，他的成长不可一蹴而就，也会出现波动，但是方向是明朗的、向善的。我不会因为他的一两次错误就给他定性，相反他在我心中，永远都是有希望的可塑之材，而且他也用实际行动告诉我他正朝着这个方向奔跑。

小睿喜欢海盗船，封妈妈为女王，妈妈在和他的沟通中告诉他，在家里妈妈是女王，在学校孙老师就是他的女王。从此，小睿、小睿妈妈和我之间的联结越来越紧密，越来越温暖。小睿妈妈会在某个午后，发来一道题向我请教，或者在某个周末的清晨把小睿的进步反馈给我。

这个喜欢海盗船的孩子，常常在学校画海盗船。临近期末的那一天，他把自己精心画的海盗船送给了我，我知道我早已是他心中的女王，他也是我心中的骄傲。

第三部分 秋之收获

"纸上得来终觉浅，绝知此事要躬行。"体验是真实的，唯有真实可以唤醒真实。植物种植中，孩子们养护的是植物，教师养护的则是孩子。岁月无言，成长留痕。植物在生长，生命在跃动。枫林半山醉夕阳，春华秋实结硕果。

第一章 秋林染半山 忆往昔春种

第一节 笔尖上的生命

（5）班的种植活动如火如荼地进行着，孩子们在长达三年时间的楼顶种植过程中，学会了观察，也学会了记录。作为班主任，我精心设计了一本植物生长手册，取名《跃动的生命》。

在扉页上，有我对他们深深的期许：

当你翻开这本学习手册，说明你即将开启一段奇妙的旅程，在这个旅程中你将收获更好的自己。请你拿起手中的纸笔，记录下植物生长中的种种变化，在属于你自己的土地上辛勤耕耘。不要怕路途的坎坷，相信自己，勤劳笃行。人生没有随随便便的成功，不经历风雨又怎会见彩虹？在种植的过程中，你会体悟到春之萌芽、夏之成长、秋之收获。植物的生命会在你的手中跃动，越贴近，越真实，越努力，越绚烂，当然也就越能感受到它带给你的惊喜和快乐！遇到困惑，请不要气馁，这一路都有父母、老师以及同学的陪伴。待到秋天收获时，你会发现你收获的不仅仅是果实，还有深藏于心的底蕴。总之，不经一番寒彻骨，怎得梅花扑鼻香？亲爱的孩子们，你要懂得辛勤付出的过程于结果而言是怎样的重要，从此做一个勤劳笃行的孩子吧。"春种秋收"，种下的是种子，收获的是果实；"春种秋收"，种下的是过程中的勤劳笃行，收获的是成长后的繁花锦簇！

拿到这本种植手册，孩子们高兴极了。他们翻开手册，立刻沉浸在我的寄语中。接下来的日子里，他们认真书写，呈现在手册上的字端正、美观、整洁。遇到不会写的字，他们会去查字典。看到他们综合素质的提高，我很欣慰，那些为设计手册付出的日日夜夜都是值得的。他们在记录植物的生长，也同样在记录自己的成长。笔尖下的文字是跃动的，生活中的他们是灵动的。

第二节　"春种秋收　勤劳笃行"班会设计

主题班会设计文本

活动说明	
教育背景	学校种植大赛如火如荼，学生们热情高涨，积极参与、投身到种植大军中。但我发现学生在种植大赛中种下种子后，就坐等发芽，每天都期待着自己的种子发芽成长，却很少做细致的养护。在种植活动中，虎头蛇尾现象较多，学生普遍认为收获是理所当然的事情，缺少过程性的付出。
教育目标	1.通过亲身参与种植活动，让学生感受劳动实践的乐趣。 2.引导学生结合种植实际，懂得付出的重要性。 3.帮学生树立做事要持之以恒、坚持不懈的意识，养成勤劳笃行的好习惯。
准备过程	1.快乐种植。 2.养护常识。 3.观察记录。

活动过程			
时间	内容	呈现形式	设计意图
5分钟	一、激情导入，重温种植乐趣 　　1.师：孩子们，科学李老师组织的种植大赛已经启动，同学们热情高涨。在种植的过程中，各小组分工合作，密切配合，成功地种下了种子。让我们再来看一看，当时的你们有多投入。 　　2.师：再次看到你们当初的身影，老师都被你们的兴致所感染。那时的你们，满心欢喜，全力以赴，相信你们的心中一定有所期待。那你们都在期待什么呢？ 　　预设：期待种子发芽；期待我们种的彩椒能结果实；期待我们组的韭菜长得比三组的好…… 　　师：哦，看来你们种下的都是希望和期许啊。 　　过渡：一粒粒不起眼的小种子激发了你们播种和收获的美好希望，能不能给大家介绍一下自己组的种子呢？	图片引入 　　（随机采访：你当时是怎么想的？你似乎已经看到了什么？每个问题问2~3人）	从学生自己的故事出发，引起学生的共鸣。 　　引发学生对美好结果的憧憬。 　　全面激发学生绘画、表达潜能，培养协作精神。 　　进入情境，分享种植的快乐。

续表

15分钟	二、小组展示，畅谈各组不同 1.师：我听说科学老师还给大家留了生活作业，让你们完成"小种子，我想对你说"的小卡片，而且不限体裁。孙老师还真想一听在座的小文豪们都写了什么。 2.小组展示：各组分别介绍自己所种的种子。 （提前布置每组的语言风格，以诗歌、散文等形式呈现） 预设：我写了一首诗歌…… 我写的是散文……	每个组合作展示写给种子的心里话。 引入"花品育人品"。	引出学生对种植过程重要性的认识与共鸣。 引发思考——过程和结果的关系。
5分钟	三、引发思考，重视植物养护 1.师：大家对种子真是寄予了厚望，你们可曾记得它呢？（出示三年前班花的图片） 预设：学生齐答是咱班的班花。 师：对啊，当初我们选君子兰为班花，是因为什么啊？ 预设："君子谦谦，温和有礼，有才得志而不骄，居于谷底而不自卑。" 师：这是花品育人品，这盆君子兰是兰花中最平凡不过的。三年来，我们珍惜它、爱护它，是因为我们赋予了它谦和的品质。如今，我在你们写给种子的小诗中真切地感受到你们也赋予了它深深的期许。可是种子仅仅靠着你们的厚望就能发芽成长吗？ 2.师：同学们默不作声，我从你们的眼神中感受到大家在思考。我们先来看一篇熟悉的文章吧。 出示文章《我要的是葫芦》，学生自读回顾。 同桌交流：读了这篇文章的感受。 预设：（1）当初学这篇文章时，我们懂得了事物之间是有联系的，不能仅追求结果而不在乎细节。 （评价：你是个善于思考的孩子，这是我们二年级上学期的语文篇目，你现在还记得它的深意。老师也想告诫大家：学而不思则罔，思而不学则殆。） （2）种葫芦的人不重视叶子上的蚜虫……（评价：恰到好处地引用了名人名言，那是咱们语文书上"日积月累"中的内容，真是学以致用啊！） 3.师：种葫芦的人没有收到他心爱的小葫芦，如今我们像他一样，守护着自己心爱的种子，殷切地期待结果，我们会不会也像他一样满心欢喜换来一场空呢？你们快讨论讨论如何做才能梦想成真呢？	学生自读、感悟。 上网搜集相关资料。	明确在种植的过程中要做到勤劳笃行。 让学生明白任何成功的前提都是付出。 重新认识自己，明确只有努力付出才能成功。

	四、明了道理，践行勤劳笃行 1.小组讨论，如何重视组内的植物养护。 　　预设：（1）我们组种植的是韭菜，我们要先查找资料，了解它对光照、温度和湿度的喜好，进行科学种植。（评价：科学的态度体现） 　　（2）我们组进行了分工，可欣负责浇水，百合负责拔草…… 　　2.老师总结：看来你们汲取了种葫芦人的教训，懂得了勤劳的付出才能换来硕果累累。		情感升华，总结提升，让勤劳笃行落实在具体的行动中
	五、春种秋收，付出方得回报 　　1.师：其实有了过程的付出，结果便水到渠成。生活和学习中处处如此，没有随随便便的成功。 　　2.通过今天的班会，你又有什么启示或感悟呢？ 　　3.完成植物成长手册。 　　师：看你们那么信誓旦旦，老师也送你们一份成长的礼物。 　　（现场发手册，介绍手册） 　　老师总结：班会已近尾声，但我相信它传递给你一种信念，那便是不经一番寒彻骨，怎得梅花扑鼻香。希望同学们通过今天的班会能懂得辛勤付出的过程于结果而言是怎样的重要，从此做一个勤劳笃行的孩子。"春种秋收"，种下的是种子，收获的是果实；"春种秋收"，种下的是过程中的勤劳笃行，收获的是成长后的繁花锦簇！这也不禁让我想起我们的班歌，让我们唱响班歌，在它美妙的旋律中结束今天的班会。 　　歌词：我们继续走下去　继续往前进 　　这条路肯让我们走到哪里 　　我们想去的地方 　　一定也有人很想去 　　我们都不要放弃　别都说灰心 　　永远听从刻在心中那些声音 　　感觉累了的时候 　　请你把我的手握紧 　　没有地图 　　人生只能凭着手上的梦想，Oh~ 　　循着它的光 　　曲折转弯找到有光的地方		
拓展 活动	完成植物成长手册		

第三节 "春种秋收 勤劳笃行"班会实践及反思

又是一年播种时，在我校科学老师的组织下，学校的种植大赛拉开了帷幕。学生们参与的热情很高，在活动开始时干劲儿十足。但在后续的养护过程中，孩子们开始懈怠，难以耐心对待植物。针对这个现象，我上了一堂班会课，希望学生通过此次班会能将植物养护到底。首先，要让学生对植物的生命和生长负责。其次，是借助春种这个载体，让学生体悟每个人都需要对自己的生命和成长负责。大家一起团结向上，呈现不同的美丽！

本节班会课，我让孩子们通过亲身参与种植活动，感受到劳动实践的乐趣。我引导学生结合种植实践和期待收获的美好愿景，懂得过程的重要性，更重要的是，帮学生树立做事要持之以恒、坚持不懈的意志，养成勤劳笃行的好习惯。（这里做一点说明，这个班级是我从教以来的第一批孩子。他们现在是四年级，这个班级在二年级时将"善思笃行"作为班训，张贴在教室的扎板上。当时我已经解释过"笃行"是知行合一的意思，所以他们对这个词有深刻的理解。）

班会伊始，我以孩子们播种的视频导入，以班歌的钢琴曲作背景音乐，快速带孩子们走进情预设境。我与孩子们沟通两个问题：一是组内种的是什么种子；二是你对种子有什么期许。这两个问题浅显易答，充分调动孩子表达和思考的欲望。这种激情导入，重温种植乐趣，让孩子们悄然进入情境。

在小组展示时，学生尽情畅谈，这个环节使孩子们充分地参与课堂。科学老师"小种子，我想对你说"小卡片的设计，全面激发了学生的绘画和表达的潜能，让孩子们快速进入情境，分享乐趣。

在引发思考植物养护这个环节，我引入了班花君子兰。这盆班花已经陪伴我们三年。以学生身边的事情说理，学生更容易听得进去，更容易从情感上产生共鸣。其实君子兰是不轻易开花的，它对温度、湿度和光照的要求非常严苛。但是寒来暑往，它却在几个学生的精心养护下献给我们三个花季。我借此让学生对"勤劳笃行"进行认真思考。

引用《我要的是葫芦》这篇文章，目的在于引发孩子思考，从而认识到付出才会有回报。这篇文章是二年级上册的语文篇目，引入它，也是考虑了文字对于思考的力量。如果我和孩子一直沟通，孩子则不能沉思，但是文字能让一个人安静下来，走进它所描绘的画面，从而有所思，有所想。这篇文章的重点其实在于沉淀孩子浮躁的心，让孩子感悟到植物的成长中会遇到类似蚜虫的事情，必须除掉蚜虫，才能保证小葫芦健康成长。从这一点出发，我更想告诉孩子们的是：人的成长过程一如植物，会遇到各种各样的问题，我们必须正视问题，及时进行自我纠错，如此才不辜负我们充满奇迹的生命，从而收获更好的自己。

孩子们经过思考明白了道理。在践行勤劳笃行这个环节时我设计了小组讨论，让孩子们进行合作探究，并整理本组植物的种植方法。仅有美好的愿景是不行的，还要在过程中科学养护植物，而这一过程则需要付出劳动。

班会接近尾声，我们到了春种秋收、付出方显回报这一环节。这是本节班会情感升华的部分，但是我没有把它放大，而是落在一本手册《跃动的生命》和我的总结上。之所以设计这本手册，是因为我认为孩子习惯的养成需要一个平台，一个载体。例如，这节班会课，虽然孩子们有所思，但如果不给他们一个载体，这节课就是蜻蜓点水，孩子们听的时候，全情付出，信誓旦旦；下了课，一切又都回到了原点。所以我想借助这本手册，让孩子记录植物成长的过程，也让他们在这个过程中，逐渐养成"勤劳笃行"的习惯。我的总结语分为两个内容：一是告诉孩子们，他们培育的是种子，我培育的则是他们，我们在人生的不同阶段同样践行着勤劳笃行。二是，借助不同的种子、不同的生长条件，让孩子感受到，他们也一如小小的种子，每个人都有不同的土地根系，但我们需要在共同的"勤劳笃行"下才会绽放出不同的流光溢彩。

班会课收到了很好的效果。那段时间，我细心观察每个孩子的变化，他们像当初种下种子那样，热情高涨，每天都去观察自己的植物，觉得土壤干了，就适当地浇水。更让我激动的是，我们所做的事情仅仅是个开始，我也不曾想只短短几天，植物就出现了状况——我们班有两组的小白菜被某种青虫几乎吃光了叶子。当我问到孩子们时，她们已经自行解决了。小昱是个女孩子，她居然从家中拿来镊子，小心翼翼地将虫子夹下来处理掉；可欣回家上网查阅了资料，说这种虫子叫菜心虫，她还根据搜索的知识，将烟蒂水喷到白菜的叶子上……而这些，都是孩子们事后在闲聊中告诉我的。

"五一"时，在科学老师的带领下，我们班的家长和孩子们一起来到学校，将学校的楼顶开发出来，做成蔬菜基地。茄子、黄瓜、西红柿、五彩椒等20余种植物出现在楼顶种植园中，后续的养护工作由孩子们进行。通过此次活动，孩子们种下了"勤劳笃行、团结向上"的种子，我的眼界也和孩子们一样悄无声息地扩大。一路走来，我也更加笃信，每个孩子都有属于自己的土地根系，作为教师，我必须尊重孩子成长的不同节奏，带领他们在共同的"勤劳笃行"下绽放不同的流光溢彩！在种植的路上，孩子们看到了春之萌芽、夏之成长和秋之收获，却看不到根植于自己内心的勤劳笃行、团结向上，我称它为冬之底蕴——内敛、刚劲同时散发人格的魅力。这些正是本节班会课的一条明线和一条暗线，明线是看得到的植物种植、栽培过程，暗线则是班会课中所融入的友善、和谐、诚信和团结等在孩子成长过程中所该形成的生命品质。

其实对于本节班会课，我也有困惑。辩证地看，也许有些孩子非常努力地培育植物，但最后却不能得到他期待的结果，我一直在想要不要在这节班会课上说明这一点，后来还是放弃了。因为我觉得班会是为解决问题而生，这节班会就为解决学生疏于养护植物这一问题，不能在学生点燃希望的那一刻又无情地告诉他们勤劳笃行也不一定会收获自己想要的结果。后来我也一直在想，我还是需要在未来某个合适的时机告诉孩子们这一点。在后续秋收时，孩子们一定会遇到这个困惑，到那时，我们再去谈每个人的付出都不会白白浪费，即便有人因为一些不可抗的因素一时没有得到想要的期许，但在这个过程中他们所积淀下的友善、和谐、诚信和团结等价值观一定会在日后得到回馈。

孩子们的世界总是多彩的，那是因为他们不以我们的预设轨迹前行。我很庆幸这节班会课让孩子们认识到植物要生长，作为养护人要勤劳付出。

第二章　秋风卷落叶　瓜果送香来

第一节　和韭菜撞了个满怀

夏日的骄阳不留情面地炙烤着我们的菜地。每天，孩子们都要去楼顶给我们的植物浇水。每一组都有自己神圣的使命，不可懈怠，不能偷懒。因为即便是荒废一天，他们的蔬菜也会严重脱水，轻则需要闭关拯救，重则直接变成"一口脆"。所以在课间、在午餐后、在大课间，总有孩子爬到四层，走进我们的菜地，走进农耕小环境。

孩子们种了很多盆韭菜。小小的韭菜在初长成时，我和孩子们一样不辨其真身，因为它们小小的、瘦瘦的，像小猫咪的绒毛。孩子们调侃说，这些都是绛珠仙草。

韭菜的收获的确让我们觉得付出和收获似乎不成正比。我们整个学期都在浇水、除虫，从不曾懈怠。结果长成后的韭菜居然瘦瘦的，每一根都害羞地低垂着叶子，丝毫不像我们在市场上买的韭菜那般健硕。

孩子们不解，来问我这是怎么回事。我很坦白地告诉孩子们我也不知道，但是我会回家问一问老家种菜的大伯。那个周末，我驱车近两小时，回到生我养我的密云，沿着弯弯的小路回到了老家。我把车一直开到大伯家门前，车一停下，就传来狗吠声。凭着我对小猫小狗的喜爱和养猫狗的多年经验，我是不怕它们的，开车门的一瞬间，我叫了声"大黄"，它立马安静下来，接着大伯走了出来。

"好久没回来啦，回来拿东西吗？"因为常年不在老家住，我们家里的五间大瓦房已经成了我们的仓库。

"专程来找您，哈哈，我今天可真是特意来请教您的。"

大伯一脸雾水，调侃道："我这老农民有啥可请教的。"正寒暄着，大妈走了出来说："正好，中午咱们吃韭菜馅饼。"

真是巧，又见韭菜！大伯家院子里的韭菜尽显挺拔的身姿，墨绿的叶片在阳光下精神抖擞。

"大伯，我今天就为韭菜而来。我们班的孩子在楼顶种的韭菜特别细，只往高里长，我们都很失望。"我说起自己的困惑。

"哈哈，傻丫头，第一年的韭菜长得就是不好。那是它扎根的一年，它长出来后，你要齐根把它割断，让它慢慢变粗，第二年就好啦，还得放点肥料。"

大伯一直生活在乡下，乡下人习惯用羊粪、鸡粪当肥料。听到这儿，我还是有些发怵的，然而还是带了满满一袋子鸡粪返回城里了。想想这也算是一种体验吧，虽是发酵过的，套上了两层袋子，我依然是一路闻着"自然"的味道回去的。

周一的班会课上，我对孩子们"汇报"了我的收获，孩子们对鸡粪比对我的话感兴趣。他们迫不及待地要把鸡粪给韭菜用上，拿上工具，说上楼就上楼。他们轻轻地在两排韭菜之间划开一道沟，把鸡粪均匀地撒在泥土里，再轻轻地用土盖好，最后开始浇水。

那一季，我们的韭菜长得很多，但还是不够粗壮。采摘的那一天，我们每个人都分了一小把韭菜，这份并不丰硕的收获给孩子们留下了弥足珍贵的记忆和体验。那一天，我们教室里满满的都是韭菜味，它饱含的是孩子们三个月的辛苦和自律。那一天，我们一进班就和韭菜撞个满怀，收获了满满的喜悦。那一晚，班级群里传来各种有关韭菜的美食：韭菜炒鸡蛋、韭菜炒虾仁、韭菜馅小馄饨……

第二节　一花一世界

"君子谦谦，温和有礼，有才得志而不骄，居于谷底而不自卑。"（5）班的班级文化随着班花君子兰的精神根植于心。

二年级的时候，学校德育处开展了一班一花的种植活动，我们（5）班申请将君子兰作为班花。为了迎接它的到来，我们一起把教室打扫得干干净净，把安放君子兰的地方擦得干干净净。

那是一个下午，下课铃刚响，学校的广播里传来德育主任的声音："请各班安排一名学生到教学楼大厅领班花。"孩子们的头一下子抬了起来，眼睛里闪烁的光芒让我有了一种迎接班花进班的仪式感。班长快速站起来，急切地说道："孙老师，我去领吧。"我点头应允，他便一个箭步飞了出去。

那个课间，我和孩子们都没有离开教室，生怕错过与班花的第一次见面。班长的脚步声近了，他小心翼翼地捧着那一盆花，走了进来。坐在后排的同学急切地站了起来，想要看看这个花仙子的真面目。这盆小小的君子兰虽只有八片叶子，但却均匀地舒展着，砖红色的花盆透着古韵，非常契合兰花高贵、典雅的气质。班长把花放在我的办公桌上，看了看，又往里推了推，确定它不会有掉下去的危险，才不舍地离开。

碰巧，下节就是班会课，我临时调整了内容，与孩子们聊起了君子兰。孩子们就君子兰的养护问题进行讨论，有的根据家人养兰花的经验说起，有的则希望晚上回家查一下资料。我非常喜爱这个班的原因之一就是他们总是在讨论事情，并且在想办法做好事情。第二天，就有孩子拿来自己制作的养花"小计划"，还配上君子兰的画，上边写着养君子兰的注意事项，然后说给同学听。于是我观察他们，看他们怎么养护君子兰。"咱们总不能都去浇水啊，大家都去浇，它会死的。""咱们找个本子记录一下吧，这样就不会浇重复了。"从那天起，班级记事本上有一栏专门记录有关这盆花的养护内容，比如什么时候给花浇了水，什么时候给花晒了太阳。

君子兰安安静静地在教室里陪伴着孩子们，听他们读书，看他们写字。二年级一整年它都没有开花，应该是还小吧，我们也并不急于看到它开花，只要它一切按照它的节奏生长就好，只要我们用心照料就好。它虽没有开花，但却一直在生长，小小的它先后长了四片叶子。三年级的第一学期，佳佳突然跑来对我说："孙老师，咱班花的根部变粗了。"说实话，我真的没有留意到，她得多细心才能发现班花微妙的变化。我急忙上网查了资料，资料说如果君子兰的根部开始变散，说明它要长花剑了，叶子向两边散去是为了给花剑让出空间。看到这个消息，我一阵欣喜，一路小跑把佳佳的发现和我检索到的信息告诉孩子们，但我也表示并不确定会不会是这样，只是我们最近更要留心它的长势。孩子们表示理解，但依然隐藏不住内心的喜悦。课间，孩子们会去班花处逗留。他们都会避免推搡，生怕碰到君子兰；说话的声音也小了很多，似乎有个花仙子在君子兰中安睡，稍有不慎，便会惹烦了它。

不负希望，一周后，我们的班花吐露出嫩嫩的花剑，孩子们的兴奋自然不必言说。那位发现君子兰根茎变粗的孩子，又跑来对我说，君子兰在吐剑的时候要浇一些稀释的啤酒。我不解，追问为什么。她说她家里有君子兰，每次花剑刚一出，妈妈就会这么做。我让她回家问清缘由再解释给同学们听。因为如果没有大家的允许，浇啤酒这一不太让人理解的行为会让同学很担忧。第二天，佳佳果真在我们的五分钟自由谈班级事务的时间里举手了。她耐心地向同学们解释了浇啤酒的原因。大意是花剑向上生长需要营养，啤酒是发酵过的粮食，是君子兰非常喜爱的养料。如果长剑的过程中养分不足，花剑则不能长出来，就是平日里我们所说的"夹剑"。佳佳也从家里带来了啤酒，征求同学们的同意后，她将稀释的啤酒浇到了花盆中。

对于这件事情，我一直很忐忑，生怕花剑受到伤害。我想，孩子们和我的心情应该是一样的，佳佳应该更甚之。我们一直都觉得班花是有灵性的，它能感知到我们对它很在意。仿佛为了感谢我们的照料，它积蓄了所有力量，耗时一个月长出了高挺的花剑与簇拥的花苞。伴着朝霞，它悄然开放了！我和佳佳都松了一口气，孩子们则沉浸在喜悦中。

五载年华，四度光阴，班花的融入给了我们一种诗意气息。我非花，不知花之乐，然花开花谢，似轻纱，愉悦了孩子们的心情，释然了教师的疲累，传递了不骄不躁、不卑不亢的品格。班里的学习小组纷纷来拍照，一来留念它绽放的华丽，二来对学习小组的伙伴表示信任和感谢。两年来，他们自行组合的学习小组如花一样悄然绽放，效率之高让我惊叹。

一花一世界，一叶一菩提。我希望孩子们能在班花的成长中体悟到我的殷切希冀，愿他们谦和有礼，一览芳华，做最大的努力，做最好的自己！

第三节　西瓜派对

种西瓜这事对我们来说是一种全新的体验。首先我们的秘密基地只有50平方米；其次，我们根本不会种西瓜。很多时候，我们可能会发现随手放在花盆中的西瓜籽发芽了，长出长长的蔓。然后在某一个清晨，它又变得发黄。最后它悄然消失了，似乎只是为完成一种怒放——很难看到它结出果实。

楼顶有十多棵西瓜秧。培育西瓜的过程对于我们来说是一种特别的体验，将来，成功了是一番成长，失败了也是一种收获。

孩子们非常喜欢挑战，组建了西瓜小队。每天除了完成课业任务，就是去楼顶看一看他们的小瓜有没有长进。

大牛是个极其粗线条的孩子，如果说有一种人自带喜感和喜剧效应，那么他便是其中之一。大牛总是慵懒地靠在椅背上，一口大白牙露在外面，我总调侃他是无脊椎动物，他则报以开怀一笑，然后稍微调整一下坐姿。他不是爱讲笑话的孩子，但全班同学都封他为喜剧之王。只要事关大牛，自从他起身的那一刻起，我们已经开始笑了。同样的问题，只要他回答，全班马上开怀大笑。不是嘲笑，应该是大牛的自身气质带有一种强有力的感染性。

说起大牛，他运动天赋很高，六年的运动会始终保持全年级跳远第一的成绩。三年级时，他可以跳2.4米。同时，他又是努力且善思的孩子，成绩很好，我们全体师生都非常喜欢他。

大牛对楼顶的西瓜尤其关注，虽然这个小队没有一个固定的领军人物，但是大牛绝对是个核心人物。（5）班的孩子对班委的职位没有渴求，所以后期我们的班委都成了"隐形人"。他们更喜欢自由组合。比如，这段时间因为关照西瓜的种植，他们的沟通十分密集；有段时间喜欢唐诗宋词的孩子总喜欢聚在一起；有段时间喜爱朗诵的孩子常在一起找文章。所以，我很难说他们谁和谁自成一派。

西瓜的种植真的不是一件容易的事。这是我在西瓜小队的付出中总结的。

　　首先，我们楼顶种植所选用的土壤，是科学老师为我们用椰砖和营养土配好的，基本适用于我们所种植的茄子、生菜、黄瓜、西红柿等蔬菜。但是西瓜却喜欢沙土，为此他们满学校去找沙土。那几天，我觉得他们触摸过学校的每一寸土地。他们去了竹林、去了学校所有花坛，只要是能和大地直接接触的地方，他们都去了。然而，他们并没有得到想要的结果。有的孩子不喜欢钓鱼，但是发现池塘边有沙土，为带些回来，请爸爸带他去钓鱼。有的孩子想着直接买一袋。就在他们绞尽脑汁的时候，大牛说操场有一个用防雨布遮着的沙坑，不知道干什么用的，问我能不能从那里挖些沙子用。

　　上操的时候，我特意去看了大牛说的地方。那是一个已经废弃的跳远用的沙坑，学校已将它封了起来。我找到体育组长，询问我们是否可以从那里挖走两盆沙子去调种西瓜的土壤，体育组长爽快地答应了。我把消息告诉大牛，大牛的喜感真的不可言说，一点都不夸张，他笑得都快流口水了。

　　孩子们从家里拿来结实的塑料袋和小铲子，去操场上挖了沙子，又急忙去楼顶。那天上操时，我特意去沙坑看了看孩子们的举动是否给别人带来麻烦。惊喜的是，沙坑场地周边和往常一样干净。仔细观察，边缘处留下孩子们用扫帚清扫过沙土的痕迹。

　　适宜的土壤加快了西瓜的生长，长势喜人。孩子们也在自己的劳动成果中窃喜。偶然的机会，我和一位同事，也是我非常要好的一位朋友聊起孩子们种瓜的事。她说她原来在老家的时候，整个村子都种西瓜。我赶紧抓着"二手专家"问东问西。她说西瓜爬蔓的时候并不能任由它生长，一定要掐去顶部的须，而且每棵留两三个蔓即可，否则不会结出西瓜。课间的时候，我和大牛聊起我们的谈话，他若有所思。

　　那一天，孩子们就这个问题请教了科学老师，又在网上查阅了资料（学生是可以使用教室里的电脑查阅资料的）。大课间的时候，大牛走过来对我说，写完作业了，想去楼顶掐西瓜蔓。我批阅了他的作业，无误。他对我笑，以表感谢。紧接着，西瓜小队的孩子们陆续来交作业后，一溜烟全出了教室。

　　他们掐瓜蔓的时候我并不在场，但是他们回来时手里都拿着舍不得扔掉的瓜蔓。我能想象到他们的手伸出去又退回来的样子，因为瓜蔓每一寸的生长都凝聚了他们的辛苦付出：他们需要高效学习，听懂老师所教授的知识，用最快的时间正确无误地完成作业，这样才有时间去照看西瓜；他们需要从楼道里接水，一次次去给西瓜浇水，却不能上课迟到……

在孩子们的精心栽培下，我们的西瓜的确结果了，它们大得像棒球一样，小的则像个沙包。西瓜成熟了，我们把大大小小的西瓜采摘下来，每个人都不舍得独自享用。为此，我们来了一场西瓜派对。我们将西瓜分给班级里的小组，每个小组一起分西瓜吃，那欢乐的场面现在还让人记忆犹新。

种植的过程很长，我与孩子们都有不同的收获。我想这便是工作的幸福，这与对孩子们的教学的收获是不一样的。他们那份坚持、严谨、合作和分享感染着我，让我与他们一起感觉到生活是件很好玩的事。

第三章　秋色正浓时　朝露醉百合

第一节　"与四时合其序"

　　花，散发着馥郁芬芳的香气，展示着其绚丽多彩的外貌；花，让我们更深一层解读的精髓是她所具有的品格。我欣赏所有美好的花，除了赏心悦目，花品则更是代表积极向上的含义。我想把这些美好的寓意讲给孩子们，让他们了解，花朵的美丽，不仅是外在的，花内在的品格和精神更值得我们去了解。

　　花，源源不断地输出香气，她所凝聚的精神力量也被喜爱她的人们所敬仰与流传。孩子们与我不约而同地喜爱纯净圣洁的百合花，她代表杰出、勇敢、顺利、心想事成、伟大的爱与坚持。其中百合的"合"与"和"谐音，寓意我们的学校"和一"。因此，一年级上半学期，百合花当之无愧地被推选成为我们的班花。

　　那是2018年11月26日，我把家里精心栽培的几棵百合花种带到班级，并准备了合适的花盆与泥土。当天下午，孩子们好奇地看着这几棵球形花种，触摸着泥土。我适时讲解了如何将百合花种子栽培在花盆中。之后，孩子们便小心翼翼地、虔诚地轮流将一捧泥土放入花盆中。那一天，我们一起走近百合，解读花品，满心期待着收获百合花开的美丽芬芳。他们那一张张期待的小脸，渴望的眼神，被我拍照记录下来珍藏着。孩子们小嘴里自豪地说着："这是我第一次种百合。"我何尝不是啊。那就让我们一起静待花开吧！

　　我仔细查阅了种植百合的相关知识，按时定量浇水，加之整个供暖季的室温让教室如春天般温暖，百合花就像我们预期的那样，破土而出，又慢慢长出了1厘米、2厘米，以肉眼可见的速度带给我们惊喜。孩子们对百合嫩芽呵护备至，观察着是否缺水了，守护着避免碰触。第一株、第二株、第三株，最后三个百合花球全部成功出芽。

伴随着孩子们紧张的期中考试，百合花悄无声息地努力由嫩芽苗壮生长为有着坚强躯干的模样。直至2019年元旦时，百合花茎长至20厘米，有一株百合已经长出花苞，呈现含苞待放的模样。孩子们围着百合花，看着花苞，连说话的声音都降低了，喘气时的气息也稍做收敛，仿佛生怕打扰到那娇羞的花苞。一天、两天、三天、四天……直到期末，花苞依然是花苞，甚至有了萎缩的态势。可百合的躯干却依然向上挺拔着，长势喜人。我观察着稍显萎缩的花苞，心里有一丝疑虑，是不是土壤的营养不够呢？于是，我向土壤中添加了营养肥料。孩子们每日在细心地观察，疑惑"百合为什么不开花？""百合长成竹子了！"……我同时也在疑惑为什么花肥对百合并没起太大的作用，那么问题出在哪里了呢？

百合一直静静地向上生长着，而初长出的第一个花苞却未绽放就萎缩掉落。这样的疑惑伴随着孩子与我。一直到了期末，忙碌中迎来了孩子们入学以来的第一个寒假。为期一个月的假期，孩子们主动担当起每隔五天轮流来班级给百合浇水的小任务。在对百合开花的满心期待中，每五天便会有孩子告诉我，班花百合的长势如何了。直至春节前，我到学校整理些材料，顺便看了看百合。阳光沐浴下，温暖的室温、合适的湿度，百合结出了第二个花苞，态势喜人，仿佛春节会随时绽放。唯一不协调的是，百合花茎像擎天柱般蹿至70厘米，与花苞在争夺主导权。我查阅了种植百合的相关资料，种植的深度、土壤类型、养护程序，没有问题啊。那么，除了等待还有其他更好的方法么？

乍暖还寒，下半学期开学时，百合的状态让孩子们与我持续不解，修枝剪叶也丝毫无法拯救百合不开花的命运。眨眼来到万物复苏、鸟语花香的四月份。在一个风和日丽的下午，我带着班级孩子们在学校花圃种下了上百株百合。阳光灿烂，春雨细腻，种在花圃的百合花初出芽的形态与颜色跟去年深秋种下的班花百合不同。仔细观察，春季种下的百合，形态多些坚挺，色泽多了一抹深绿。我在日复一日陪伴孩子们学习、陪伴孩子们观察植物的日子里，越想要找出班花百合种植失败的原因。孩子们沐浴在春日阳光下读书、嬉戏，我也如同春季花草般使劲晒着自己。突然，我恍然大悟！这个季节的阳光与节气，是大自然赋予万物生命的时节。春季播种，夏季耕耘，秋季收获，冬季休养，不无道理。因此，深秋至隆冬种植的班花百合，即便呵护备至，她的生长也是不符合自然规律的事情。而春季播种的百合，有着符合时节的操作，有着充沛的阳光、雨水甚至暖风。于是，我与孩子们困惑了半年的事情，由春季暖风把答案传递给了我们。

冬季种植百合失败的事情，让我反思良久。万物运行都有其规律和法则，若是违背了规律，即便付出再多，也无法真正开花结果。教育孩子们又何尝不是啊！作为教师，努力耕耘的同时，也要摸清孩子们生长发育与心理需求的特点。可爱的孩子们如同娇嫩的花朵，春季播种，夏季耕耘，秋季收获，这一规律是何其重要。"与四时合其序"，是班花百合给我的感悟。我把这一感悟分享给孩子们，与孩子们一起来解读"与四时合其序"是人生中多么重要的一课。

第二节　追逐是件很好玩儿的事

儿时的我喜欢踢着石头去打酱油。那个时候生活在农村，酱油还不是现在的独立包装。我会拿着自家的玻璃瓶去村头的杂货铺打一两块钱的酱油。印象中，母亲总是絮叨个没完，说我一个女孩子穿的鞋为什么总是坏得那么快。只有我自己知道，每次走路我都要踢着一块石头，从学校到家，从家到杂货铺……

每每想起，总忍不住咧嘴笑起来，踢了多少块石头是数不清了，坏了多少双鞋也不在记忆中，但是踢着石头走的感觉到现在依然很真切。踢得远时，我便三步并作两步，跑过去给它一脚；踢得近些，我就跳起来再给它一脚。在追逐石头的过程中，感觉轻松又惬意。

长大后，不再去追逐着踢石头，心中却长存那份儿时打酱油带来的快乐。从教以来，发现低年级的孩子们都喜欢追逐。楼道里醒目的"轻声慢步靠右行"仿佛只是说给我们教师的，孩子们可不管，跑着、跳着、笑着，像清晨的鸟儿，叽叽喳喳个不停。我观察发现，男孩儿跑得居多。看着他们的身影我马上想到自己的童年：背着母亲去和同学爬树，短袖破了洞，倒更凉爽；去麦田里练倒立，结果倒立没学会，裤子染上了洗不掉的青绿色；下雨天摔倒在水坑中，邻居抱起我，我挣脱开，立刻又趴回去，邻居无奈喊来母亲，母亲拿着烧火棍向我跑来，我一跃而起，让母亲追我……

孩子们说："能让他们跑的大人才是最可爱的大人。"那一天，我认真地想了想他们，又想了想自己的童年。但是学校的制度也是必须要遵守的，教学楼里那么多学生走来走去，如果低年级的孩子跑来跑去，平添的不只是爽朗的笑声，还会有摔伤的哭声。回到班中，我跟学生一起讨论在楼道里跑、跳、追逐的事情。我没有把它定义为一种错误的行为，只是和孩子们聊一聊，聊他们一天中有多少时间希望自己是在奔跑，孩子们给了我一个模糊的时间：一小时左右。那一天孩子们和我分享了追逐中的故事，从他们的言谈中我感受到的是满满的释放。

"感谢你们与我分享你们的喜悦，但是现在问题来了，我们都知道楼道里乱跑的确会出现安全问题，我会很心疼摔伤了的你。"我慢慢说着，孩子们安静下来了，从他们的表情中我能感知到他们在思考。

"那我们去操场上玩儿吧！""嗯，这样好！"孩子们兴奋地应和着，声音高了八度。

"课间十分钟，你们除去做课前准备、喝水、去卫生间和往返操场的时间，我觉得剩下的时间不足五分钟。飞速跑回教室，你还要有至少两分钟的时间调整自己的呼吸，擦擦汗……"

我的话音未落，孩子们又沉默了。

我并不急于发表自己的看法，更多的时候，我喜欢循着孩子们的思考去引导，在我看来，成长是自然而然的事情，我不过是个局外人，有幸参与了他们的成长。

"孙老师，我们中午和大课间的时候去行吗？"体委试探着问我。

孩子们仿佛又看到了希望，将目光齐刷刷地投向我。

"我觉得还是可以的，在操场更适合奔跑，也更安全。但是楼道里跑起来这种现象我们是不是要改一下。"

"我不跑啦。""我也不追了。"孩子们急切地做出自己的承诺，生怕我改变了主意。

"那我们就定个不成文的规矩吧，教学楼里安安静静地学习，操场上潇潇洒洒地奔跑。"

话音刚落，孩子们欢呼起来。

从那一天起，孩子们不再在教学楼中横冲直撞。稍有要起步的，身边的同学就会提醒，"别跑，别跑，跑了就不能去操场玩儿了"。就这样，孩子们在走廊上追逐奔跑的问题被轻松解决了。

培养孩子的规则意识并不是一蹴而就的。对于追逐这件事，我以自己的童年行为理解孩子的行为，并愿意尊重他们。奔跑，童年使然，我想我们成人要做的便是给孩子们边界，既不扼杀他们的天性，也不打破学校的规则。诚然，追逐是件很好玩的事，我希望孩子们将来回忆童年往事，能和我一样，不禁笑出声。

第三节 《好饿的毛毛虫》

《好饿的毛毛虫》是一本绘本，我之所以对这本绘本感兴趣，是因为听到了孩子们的读后感想。孩子们非常喜欢大课间的阅读时光，有的自己坐在座位上津津有味地读着《十万个为什么》；有的三五成群聚在一起，翻看同一本故事书。每当这个时候，我也会和孩子们一样，在教室里读书。偶有孩子凑过来，问我在看什么书（我所看的内容自然是他们不感兴趣的），我便顺着问他们在看什么。"我们刚才看了《好饿的毛毛虫》。"孩子们争先恐后地回答。"读出了什么？"我追问道。"这条毛毛虫真的是太饿了。""嗯，饿的感觉是很难受的……"

听着他们的回答，我陷入沉思，如果让我来教这本绘本，我想我会把毛毛虫羽化成蝶的科学知识教给孩子。但是孩子们对此并不十分感兴趣，他们更在意读书带给自己的感受。我想，每个人成长的不同阶段都会对同一件事或同一本书有不同的感悟，我何不循着孩子们的足迹去感知"毛毛虫的饥饿"？

我们成年人应该尊重孩子的真实感受，让孩子大胆地去表达自己的想法，而不是把孩子教育成我们想象中的样子。

我非常喜欢《巴夭人的孩子》这本绘本。绘本里，作家彭懿记录了一群漂泊在海上的孩子。他们是一群贫穷但快乐的孩子，他们住着简陋的水上屋，他们同家人以打鱼为生。每天他们都在奔跑、戏水、爬树、荡秋千、乘着独木舟盖着白云打盹儿。作者将孩子们的快乐展现在我们面前。这群没有国籍的孩子，他们是幸福的。所以，每个人都有自己的感受，外来者若以居高临下的视角看孩子，是感知不到孩子的快乐的。正如我们教师看孩子，如果用自己的权威要求孩子，用成人的认知要求孩子，那么我们就感受不到孩子的真实想法，孩子也会变得屈从和压抑。回到阅读本身，我认为应该足够尊重孩子的真实感受。

同样是作家彭懿的作品，在看了《驯鹿人的孩子》这本绘本后，我沉醉在作者的真实感受中。因为偶然看到一张照片，作家彭懿开始寻找这个有着魔力的地方。辗转多次，终于有机会去了他魂牵梦绕的地方。他赶赴蒙古国北疆，深入到游牧部落拍摄了绘本中的影像。然而他所拍的并不是什么草原风光。他让部落里一个五岁的小男孩托克寻成为故事的中心，用照片和简洁的叙述文字讲述他的日常生活。在寻找这片净土的途中，作者身边发生了很多事。一件是半夜丢马的事。一天清晨，当作者想要赶路时，他请的马夫告诉他马丢了，而那一刻，马夫们还在篝火旁悠闲地烤肉吃……作者不明白为什么半夜就知道马丢了而不去找马，清晨还能气定神闲地烤肉。激烈地争执后，马夫们出发去找马，留下他坐在荒郊野地。"我不知道马会不会回来，也不知道马夫们会不会回来，那一次我真的在想自己是不是还能回去。"作者的话虽轻松诙谐，可是试想我们如果身处其中，是否还能坚持自己的梦想？作者想用镜头记录下在现代化的冲击下即将消亡的"游牧民族""驯鹿人"。幸运的是，他找到了，并通过清晰的影像将托克寻和他的家人们每天起床、放牧、钓鱼、挤鹿奶的生活展现在读者面前。我们几乎会惊异于"游牧生活"作为一种古老生活方式的真实与贴近。不管未来如何，但时至今日，他们仍然在这样生活，仍然有小孩子这样成长。

《好饿的毛毛虫》的作者让孩子们有了饿是很难受的这一感觉是很值得尊重的。每一本故事都有作家的感受，我们要做的是循着孩子们的感受，把作家的感受分享给孩子，让他们即便是在阅读中，也要看到自己，看到他人。唯有真实，方能让孩子求真，正所谓"千教万教，教人求真"。

第四节　以人格塑造人格

在提倡素质教育的今天，德育理应放在首位来抓。在近几年的实践中，我结合班级的实际情况，进行了一些德育方面的尝试和研究，主要目的是：突出德育过程中学生的亲身参与和体验，发挥学生自我教育的主体性；强调激发学生心灵深处原有的各种观念的撞击和整合，构建其新的人格。

在实际工作中，养成教育非常关键，是重中之重，而要想使学生的养成教育具有实效性，教师的人格是关键、是命脉。教师要以人格塑造人格。学校教育的关键在于教师，尤其是班主任。教师的人格状况直接影响学生的行为，影响学生的身心发展和成长。

班主任和学生接触的时间最长、接触的机会最多，学生常常以班主任的行为、品质作为衡量自己的标准，他们也把班主任的言行作为自己行为的典范。俄罗斯教育家乌申斯基说："在教育工作中，一切都应以教师的人格为依据。因为教育力量只能从人格的活的源泉中产生出来，任何规章制度，任何人为的机关，无论设想得如何巧妙，都不能代替教育事业中教师人格的作用。"班主任的人格就是教育，体现着教育的力量，离开了班主任的人格，帮助学生形成人格将变成一句空话。班主任教师的人格对学生的影响是巨大而深刻的。因此，班主任教师应不断提高自身整体素质，不断完善自我，努力使自己成为学生的表率。

很多国家都在研究教师的人格对学生人格塑造的影响。贝克斯特研究发现，在一个能体谅别人的教师的影响下，学生也会表现出体谅的态度。我经过几年的班主任工作经验积累也发现，教师给予孩子的热爱与尊重对孩子的影响十分深远。同样，日本的教育家在考察许多类似的研究后，也得出这样的结论：教师态度温和这一变量与学生学习成绩成正相关。因此，每一个教师都应充分认识自身人格修养的重要性，重视自身的人格修养，努力实现人格的提升，用美好的心灵去塑造学生健康的心灵，以健康、成熟的人格塑造学生的人格。

1.热爱学生

班主任对学生的爱是一种理智的爱，无私的爱，创造的爱。苏霍姆林斯基把爱比作打开儿童心灵、理解教育奥秘的钥匙。他的座右铭是：把整个心灵献给孩子。教育家陶行知曾说："真教育是心心相印的活动，唯独从心里发出来的，才能打到心的深处。"因此，教师要把"自己的生命放在学生的生命里"。正如歌德所说："我们只从热爱我们的人那里学习，最伟大的教师，一直是最伟大的热爱我们的人。"事实上，一个好教师也正是一个热爱自己学生的教师，如此他们才能将自己的知识、思想和人格最大限度地传授给他们所热爱的学生。

2.尊重学生

尊重学生就是要把学生看作是学校一切工作的起点和目的，给予每个学生人格尊重和人格平等，像对待一个成年人那样重视他、欣赏他，倾听他的意见，接纳他的感受，包容他的缺点，分享他的喜悦。被尊重是每一个人最深沉的内心需要，是学生进步的内在动力。人本主义强调，要从人的本身出发，即尊重人的人格。尊重学生是对学生的一种基本态度。如果说理解学生是教育的前提，那么尊重学生则是获得教育成功的基础。尊重学生不但应承认与满足学生之间的差异与不同需要，还要以平等真诚的态度关心、爱护学生，无条件地接纳学生，进入学生的内心世界，用学生的参照标准去感知他们的内心世界。教师要清晰地知道，学生有权按他们自己的方式成长，不一定非要合老师的意。而学生一旦感受到教师对他的尊重，就会感到自己是一个有价值的人，有潜能的人，这样就会促使学生获得进步，并形成健康的人格。

因此，班主任教师必须以身垂范，以人格塑造人格。

第四章　秋水飞白鹭　一羽上青云

第一节　目力所及的飞翔

都说飞翔没有痕迹，不管是轻轻掠过碧波的海鸥，还是翱翔九天的雄鹰，我们所关注的似乎都是鸟儿本身。然而，我们赖以生存的空气知道它来过。那些因飞翔带来的弧度，因飞翔而起的风，只要用心，我们也能感受得到。

在为期四年的种植活动中，不管是君子兰的花开花落，还是楼顶植物的春种秋收，能使我们收获无数喜悦，那几年的光阴也才显得真实而厚重。

一、随心所欲而不逾矩

（5）班的孩子是自由的，无论走到哪里，都能听到他们爽朗的笑声。他们每一根神经都是放松的，这让我在课堂上也轻松得很，只定方向，没有什么必需的环节。我们边聊课文边聊生活，每节课都很惬意，每上一节课都有释放的感觉。

低年级时，我们约定在教学楼内认认真真地学，在操场上痛痛快快地玩。似乎只为了争取时间外出去玩儿，但因此他们学得更专注，学得更快，学得更扎实。他们是别人嘴里的学霸，他们是别人嘴里跳得比兔子还快的不明生物。我没有硬性的规定，在我的课上，他们渴了可以喝水，回答问题可以坐着……

然而这些都不及种植带给他们的感受更真切。为了能有时间去楼顶看自己的植物，他们需要又快又好地完成作业，而要达到这个程度，他们必须在课上认真听讲，专心思考。为了下一节课不受影响，他们需要统筹时间，在可自由活动的时间去给心爱的植物浇水并观察它们的长势。似乎一切都没有规定，但是他们上楼的过程中，不会欢呼雀跃，因为怕影响其他班的学习。静静悄悄的脚步留下的是长大的痕迹。我想，生活中的规矩就是宽悦自己，也不影响他人，我很欣喜地看到他们做到了。

中午的时候，偶尔我会趴在桌子上休息，教室里便只剩下一声"嘘"，都听不到他们走路的声音，只有身边的一缕清风让我知道他们的经过。我从不曾要求他们在十二点半之前保持安静，然而他们是那么关注我，保护着我。

二、努力拼搏而不强求

班中有个关于考试的不成文的规定——可以考得很糟糕——我接受我所有学生的成绩，但是不可以有任何形式的作弊。所以孩子们在考试的时候，从来都是手眼不离卷子，安安心心地做题。遇到实在不会的，他们会反复读题，反复试错，最后写出自己认为对的答案。

我一直都希望，让孩子们自己努力而不强求他们。每个孩子都是一颗露珠，也自然都会折射一缕阳光。我不拿成绩论成败，只要他们尽自己最大努力即可。在成绩面前，孩子们表现得很是自如。我也从不会因为成绩不好而训斥他们，但是我们会做分析，我所肯定的是努力，我所期待的是他们自发的努力带给他们的进步。

（5）班的孩子镇守着语文年级第一的堡垒，他们的确很优秀，基础扎实，阅读能力强，书写流畅而规范。我很开心，他们关注的是过程的归纳和总结，而不是结果的半分之差。我们不和任何一个班去比较，我们不和任何一个同学去比较。他们的包容和向上，着实让我感动。

三、居于谷底而不自卑

每个人都有自己成长的节律，高智商值得羡慕，却不值得夸赞。有些学生的确在某些事情上有着得天独厚的先天条件，他们如果努力会奔跑得很快；有些学生的确在某一学科上显得不那么聪慧，但他们努力的样子也很优雅。毕竟小学阶段是基础教育，除去知识本身，他们更该养成的是良好的学习习惯和积极的思维方式。

运动会的接力赛中，大帅拼尽全力要为集体争光。然而事情在发展中总不太如人愿。在极速奔跑的过程中，他的鞋掉了。这件事情发生在其他学生身上的概率几近于零，但是发生在大帅身上还是有可能的。他的家境很特殊，家庭结构也很特殊。如果说班级中哪个孩子缺爱，那么这人便是他。在我看来他从小到大都没有享受到持续而稳定的爱，甚至他每天殚精竭虑的只是自己的安全问题……我们都变得很紧张，刚刚还遥遥领先，现在大帅要跑回去捡鞋。穿上鞋的他继续往前跑，步子明显慢了下来，也许是因为鞋不合适，也许是因为尊严受到了伤害。

那天的接力赛，我们得了年级第二，没有一个人去责怪大帅。当天晚上，我去给他买了一双合脚的运动鞋。他很开心，又开始尽力学习。

四、有才得志而不傲娇

我的同事说，（5）班有很多有个性的孩子，现在仔细想来，的确是。徐徐敢想敢说善于挑战；郭郭平静而智慧，同学叫他诸葛亮，还给他配了一把羽毛扇；小昱喜爱慢生活，开创了"食玩包"，把画作分享给远方的朋友，很多人购买她的商品；优优一心想要成为作家，喜爱感知生活并记录生活……可是不管他们有着怎样独特的兴趣和爱好，他们都一样团结，一样热爱（5）班，在集体活动中拼尽全力，努力为（5）班争光。遇到失败时，他们从不埋怨别人，更善于找出原因，并在尝试中勇于改进。

我们的跳长绳游戏最初进展得并不是很顺利，于是孩子们在跳的过程中，不厌其烦地去教总是过不了绳的同学。在选择摇绳的同学时，他们不指定人选，让每个人都去尝试一下，然后找到最善于把握时机和最用力的同学。小唐同学感统失调，跳起来速度稍慢，但是摇绳的节奏非常稳，并且知道在同学跃起的那一瞬间用力；雨盈和赵洋契合度非常高。这样同学们便选了他们去摇绳。

孩子们的点点滴滴都值得记录，他们以自己的灵动，共同营造了一个适于每一个人发展的氛围，包容又不盲从。看到他们活成了自己，又不刺伤他人，我也很受感染，是他们教会我快乐不可丈量。

第二节　灯火阑珊

　　吴承瑶，是2018届毕业生。我喜欢叫她的小名，优优。优优是个温婉、敏感又善思的孩子，阅读于她而言像吃饭、睡觉一样自然。她在毕业时写给我的信中透露了她心中的秘密。

　　孙老师，这本来是个秘密的，但是还是给老师透露一下：我和班中的某某某和某某某正在写作，其中有些话是您说过的。我们用本子都记录下来，准备用在书中，以后可能会出现在某一本书中！以后，我可能会从事写作。听起来是不是很fantastic呢？还是很幼稚，很可笑？老师给我一些建议好吗？

　　时至今日，我仍没有给优优一份正式的回信，这点颇感内疚。假期孩子们聚在一起时，我告诉过她课业之余要勤写作。没想到她刚一毕业，便申请了自己的公众号，取名"灯火小阑珊"。她说首篇文章一定先发给我，让我成为她的第一个读者，我在习作上对她的鼓励和肯定让她喜欢上了写作，并在写作中感到自由和释放。在此，分享几篇优优的文章。

一个初中小女孩的内心独白

　　我只是个12岁的孩子，对于这个世界仍然存在许多疑问。我的爸爸是个理工科博士，对一切苛刻至极。在我的印象中，他永远是左手咖啡、右手电脑，随时随地地工作。爸爸身上有一股让人无法抗拒的压迫感和威严感。小时候我可谓是"天不怕，地不怕"，唯独只有爸爸，让我一直都怕。别人写作文啊，总写和父母之间发生的事，毕竟父母是我们接触最多的人。而在我笔下的无数篇文章中，写父母的，寥寥无几，写爸爸的，更是少之又少，因为我觉得有一个几乎算是"冷血"的爸爸没有什么可写的。

　　自从我上了初中，爸爸的话就像从漏勺出来的一样滔滔不绝地涌出。虽然少了些苛刻，但似乎总是看我不顺眼。由于思想的差异，我们总是会有些冲突

和误会，但是他不但不听我解释，还训斥我说，在他看来，解释就是掩饰。每次我被他批评后都会无地自容，觉得自己一无是处。也正是因为这种一无是处的感觉，让我每天都处于紧张的自我检讨中，似乎像在固体中被慢慢发酵、烘烤，总是觉得有些透不过气。于是，我们父女俩的隔阂越来越大。

若考试成绩没有达到他预想的水平，他会一味地批评，数落我的不是，用这次成绩全盘否定我未来的路。这种反复唠叨，愈加使我逆反、烦躁与不满。

再比如说我的坐姿不正确，他会一次次用刻薄的话讽刺我、刺激我，甚至气急败坏地吼我。我越大，他就越是采取家长制，将他那自认为语重心长、苦口婆心的话硬注入我的思想中，虽然嘴上说是为了重新"塑造"我，其实他根本不理解我，不尊重我的想法。

理解能力差、速度慢，甚至写字太小都是被批评的原因。我的自尊心总是一次次坍塌丢失，好像自己浑身上下都是缺点一样。到了后来，我就像弹簧，被按下，再弹起。直到厌烦了那些指责，厌烦了劈头盖脸的、刻薄的言语，甚至厌烦了那身冷硬线条的外套。

哪里有压迫，哪里就有反抗。爸爸的苛刻要求，我终究还是达不到；面对爸爸的严格要求和无理指责，我终究还是腻了，烦了。于是，在我童年良久的压抑中，终于来了一次爆发。

那是前些天的晚上，爸爸在给我讲数学问题的时候，嘲讽我写字小，像蚂蚁爬一样，让人反胃。当时我的怒气就像干燥的柴火一样立刻被点燃了，毫无预兆。爸爸冷笑一声："说你一句就像触电了一样，简直就像狗被踩了尾巴一样，就不会学着接受吗？"我似乎被猛地弹起，并毫不示弱地反击……我自然是说不过爸爸的，所以当爸爸气鼓鼓地离开家去办公室加班后，委屈、不满如同大水冲垮了的河堤一样来势汹汹。

半个小时后，爸爸发来一条信息：孩子，爸爸希望你能理解我的唠叨。这个时候，你是反叛的年龄，很好，说明你已长大，开始有自己的思想，想找寻自己，摆脱对大人的依赖。这都没有错，我也理解你。但是有时候也希望你能换位思考一下，一件事被反复地说，一定是有自己做得不够好的地方。爸爸是多么希望你能好，再好，更好……今天晚上爸爸没忍住，冲你发脾气，让你受委屈，爸爸错了，诚恳地向你道歉，也希望你能多一些改进。孩子，爸爸是爱你的，尽管有时对你很严厉。你可知道无论爸爸睡多晚，第二天都早起送你吗？还有，今天你书桌上的费列罗巧克力，是学生送给我的喜糖，其他的糖我都吃了，唯独这一颗，我当时都扒开了，又默默地包上了，给你带回了家，别人都很不解，我说这个我闺女喜欢吃……

看到这条信息，所有的委屈和不满都被我流下的眼泪冲走了。记得台湾作家龙应台曾说过："所谓父子母女一场，只不过意味着你和他的缘分，就是今生今世不断地在目送他的背影渐行渐远。你站在小路上的这一端，看着他逐渐消失在小路转变的地方，而且，他用背影默默告诉你：'不必追'。"

爸爸，现在我才知道，也许是我知道了，才会提笔写下这些。这些文字中有曾经的不解和不满，也有现在的感动和撼动。也许就是你那一句话，一个眼神，改变了我的一生。

纪念我刚刚逝去的童年。

童年啊！是梦中的真，是真中的梦，是回忆，是含泪的微笑。

——题记

曾经希望自己变成一棵树，能够永远为树下的人守护着一片绿荫，为路旁憩息的人撑托起一片狭小却不乏乐趣的天地。可是，这样却又无暇体验人生的酣畅淋漓。于是我又变了想法。变成一支笔如何？每天都能在诗人学者、文人墨客的手中"咀嚼"文字的魅力，体验他们情感的跌宕起伏与人生路上的大风大浪。在诗意中畅游畅想，该是多么快乐的事啊！可是充满着情趣的世界未必是完整的世界，它少了些什么呢？想了想，这也不妥。这些五彩斑斓的小小童话，陪伴着我从童年走到少年。

小时候总是憧憬着，希望自己能活在这些小小童话中，那时我坚信童话中的一切总是那么灵动美好。童话是孩提时代的鸡汤，熬得浓浓的，心里暖暖的。陪伴童年的笑声和童话，也会随童年一起逝去吗？就像冉冉升起的初日快要把满天闪烁的星星照亮。可是回头一看，除了那些星星，在绯红的黎明喷薄之前，它又有什么呢？又会有什么呢？我们会怀念童年和童话，也只是因为它们陪我们走过太多太多过去的时光。回头一看，我们只是刚刚走过了童年，并没有渐渐褪去淡忘，而是更加向往。童年中的童话，只是徘徊着、向往着的儿时，期待着、等待着的儿时吧。

童话中的童话也不过是童话，而童年过后的童年却再也不是童年了。童话只不过是伴随着我们走过了童年，而现在我已12岁，步入初中，很多儿时的梦也逐渐醒来，只能通过童话追忆童年。童年一旦去了，在我的生命中就再也不会与之重逢。无论你现在是否注意到它流逝的悄然，它终究还是去了。因为终有一天你会蜕变，你会离曾经的童年远去，再寻觅新的归处。

再下一个季节，也许我会遇见更多的人和事，我将不可避免地离成熟越来越近，也将离我的童年越来越远了。

沈从文在《边城》中曾说过："我知道你会来，所以我等。"我希望童年不会在我的心中睡去，而是能够再次醒来，在我希望的时刻。虽然童年留不住，我却希望它能永驻我心，更希望，一同常驻的，不仅是童年。

雨伞的方向

几天前见一本杂志上有这样一句话："曾经是你为我撑起一片天，如今我长大了，请让我接下你的天。"读到这句话，我已经潸然泪下，视线已一片朦胧，脑子里也闪过无数个我和爸爸的画面。

一双大手，一双小手，手拉手走过杂草丛生的灌木丛，那是爸爸和我。爸爸很高，浑身上下透出无从抗拒的威严感和压迫感。从小到大，我一直都是怕他的，尤其怕他那点火就着的性格和把对自己的苛刻用在我身上。

"啪——"清脆的撞击声似乎一下子把我拽入深渊，不过短短几秒，却仿佛印证了那一瞬间。爸爸张开手，狠狠地拍了拍身旁的饭桌，几乎把我吃到嘴里的饭菜给震了出来。"我可以接受你做不出来没见过的不会的题，但简单的加减乘除丢分，这是我不能接受的。这是今后学习的基础。基础不牢，地动山摇。"爸爸又开始了他那典型的唠叨："你现在可以不理解我，你甚至可以恨我，但这都无所谓，也都不重要。但是你不能听不进我的话，甚至故意对抗！你只需要记住，没有父母会坑害自己的孩子，无一例外，我是在为你着想！人不接受教育，就很难有见识，而没有见识，做很多事就会事倍功半。"脚下，是我的数学卷子，上面的字迹已经模糊不清，却仍可辨认出鲜红的"80"，而我丢掉的分数，也确实如爸爸所言，都是让我自己也后悔到捶胸顿足的基础计算，列出了式子，算错了数。我也恨自己这种所谓的马虎。不过那晚，爸爸的表现，让我有一丝恨他。我没再理他，内心暗暗发誓一周之内都不会跟他说话，哼！

　　虽然爸爸对我的学习要求严格，但生活中对我却一点也不严格，甚至对我好起来都没有原则，这让我始终"恨"不起来他。记得批评我的第二天，放学时恰好天下起了大雨。我一出门就看到那一个星期我都不想跟他说话的爸爸来接我，爸爸只带了一把伞。淅淅沥沥的大雨，如瓢泼般泻下，哗哗啦啦的豆大雨点砸在人身上，即刻就会湿透。回家的路上，虽然我俩没有说话，爸爸却把手中的伞完全偏向我，自己除了脑袋几乎全部暴露在雨中。此时的爸爸不再是那个频频讽刺我的严父，他对我的严厉被雨水急速溶解，直至消失不见。我举高手臂，脸上仍有些冰凉的液体淌下，分不清到底是雨还是内心已偷偷原谅他而流下的不争气的泪。我把伞使劲向爸爸偏去，却被爸爸"无情"地挡了回来。爸爸歪着脑袋看我一眼，语气里不知是骄傲还是自豪："孩子长大了哈，出生仅4斤8两的小不点终于长大了。"我长大了，我终于长大了。我没有留意到，爸爸的上身已经淋湿了，他却眉飞色舞地给我讲起了我出生才几天他抱着我看世界杯，天热给我脱得一丝不挂，双手托着我，因为太困却差点把我掉地上的"趣事"。我心情复杂而表情尴尬地听着，昨晚的事似乎丝毫没有对他产生影响啊。得了，一个星期不说话的"誓言"又被我放弃了。

　　当晚我做了一个梦，一个一路寻觅的漫漫长梦。在梦中，我遇见了我的爸爸，我的妈妈，我的弟弟。其实这一生我并不是注定要跟随他们的，只是他们在人海中选择了我，仅此而已。只是一声"爸爸""妈妈"，我成为他们一生的寄托。叫一声父母就是一生。

　　风吹起，吹干了我的泪。

　　爸爸，或许多年之后我对你说的只有谢谢，而不是像现在时而夹杂着对你的不满，但又觉得离不开你对我的唠叨。

真的，

到时只有谢谢。

正反

"我这是在赎回您的灵魂，让它不再属于恶，而是属于善了。"主教附在冉·阿让的耳边悄声说道。

四年级时第一次读到从学校图书馆借来的《悲惨世界》，书中这句话给我留下了最为深刻的印象。小小年纪的我脑中首次出现了善恶的概念，意识到世间似乎存在两面，尽管仍飘忽不明朗。原本天真幼稚的我，内心驻满的尽是美好、纯粹、天真与善良。读到那句话，犹如听到了一曲深沉的歌，敲击着我心中那道不明的屏障，引起了我的深思。而我已渐渐成长，如今再回首，当年的飘忽已逐渐明晰，明白人世间总是充满两面，正如这善恶。转眼又是周末，心中一阵窃喜，趁着有些许闲暇，我从沉重的作业山中得到短暂的逃脱，提笔饱蘸，写下这篇感想，聊一聊如今我对"两面"的理解。

人生并不是要白白地走这一遭，在熙攘中，却也了解了人间百态。正反、善恶、是非，都是对立的两面，就如同吸铁石的两极，永远是那么客观地存在，却也无法相交。但正的存在是为了证明反的错误，而反的存在是为了证明正的正确，对立面可以互相转化。

话又说回来，想当初，老子提出的"以柔克刚"就是通过对立关系的巧妙融合而成。但黑和黑凑在一起只能为黑，黑与白一旦相撞，仅存的白也会渐露出冷酷的獠牙。黑色就像"社会"这一复杂不定的境地，一旦踏上，就此无法抽身。也许就是这两种物质的混合体，促成了人生这充斥着喜怒哀乐、酸甜苦辣的棋盘。

"正"是什么？我们常把"正"理解为"正面"，快乐、自由、善良、无私等等，都是对这个世界的美好认知，但是这就是"正"吗？显然，那也未必。在我看来，"正"包含"正面"，但是不全部等同于"正面"，"正"是一件事，一个人，我们先了解、先注意到的一个层面，也就是初印象。而"反"就是通过观察、剖析得到的结论，而并非第一反应。比如一个人的性格和操守打破了我们应有的狭隘认知，开拓了全新的认识，我们常会认为这个人有"双重性格"。"双重"就是说这个人的"正"与"反"相交融、相结合。

常想"当初如果没有那样做就好了，也不至于是现在这种局面"。人生就是由一个个这样的念头积累起来的，每一次后悔、烦恼，都会成为生命中的一次次转折。无论生活是经历崎岖波折的酣畅淋漓还是风平浪静的雅舍闲趣，换另一种态度去看待同样一件事，就是领悟到"正"与"反"依存的真谛，领悟到了"正"与"反"相互融合的巧妙之美。有哭有笑，也就建起了人生的轨道。世间的一切都是由"正""反"拼凑出的，通过"正"能够隐约地联系到"反"，这正是对人间百态的摸索之旅。旅途走完，绘出的定是一幅酸和甜、苦与辣、喜及怒的丰富人生画卷。

世间一切皆正反。

优优的文笔细腻，她愿意记录生活，我愿意记录她。我希望她受到越来越多人的认可。写作带给她的乐趣源于生活带给她的感受，越贴近，越真实。毕业的她为我写了一篇文章。我很庆幸能与她相识，彼此陪伴六年，让我们在教与学中不断吸取营养，丰富生活，丰厚人生。当我读着她写给我的小诗，嘴角不禁上扬，徜徉在文字中，往事一幕幕在眼前放映。

> 亲爱的孙老师，
>
> 六年前，
>
> 我们还是个小孩子，
>
> 真真正正的小孩子，
>
> 系鞋带、认拼音在我们眼里都很枯燥，
>
> 老师您俨然是一尊圣母像，
>
> 用最无瑕的爱和耐心，
>
> 引导我们在成长路途上捡捡拾拾，
>
> 引导我们在纯净的班风中打下坚实的基础。
>
> 于是啊，

我们从懵懵懂懂中开始了相互认识，

六年后，

我们长大了，

从聚到散，

练就了扎实的基础，

带着满腹的知识，

走向未来和各自的未知。

于是啊，

我们彼此招招手、挥挥手，

散作满天星。

可是，

我不会忘记您，

我亲爱的老师。

一二年级

您教会我们如何认拼音、写汉字，

时而温柔，时而严肃，

带着一个集体"学好，玩好"。

三四年级

您教会我们怎样读课文，写文章，

时而活泼，时而紧张，

带着35个孩子"厚德载物"。

五六年级

您教会我们怎么春种、秋收，

时而勤勉，时而放松，

带着（5）班"和而不同，同而不一"，

成为区优秀班集体。

每一天，

都是那么快乐饱满；

每一天，

都是那么历历在目。

祝亲爱的孙老师

魅力永驻！

优优，这个温婉而敏感的孩子，轻轻巧巧地感知周边的人，周边的事。在她的文字里，我看到一个小女孩儿的蜕变。愿看到她更多的作品，读她笔尖下的生活百态。

第三节　转身的姿态

班级中有个女孩儿，倔强、好强、善思、专注，她是学生眼中学霸中的学霸。

六年级的他们已经是谦谦君子、窈窕淑女了。我的班级学生自由度很高，这一直是我引以为豪的一件事。他们能随心所欲而不逾矩，所以我很少做硬性的要求。

春季社会实践活动的到来总是让他们很兴奋。这六年来，我们的每次活动都是分组进行，我都是按照能否带队，能否记录，能否避免丢东西等方面来衡量，分成让我踏实的小组。

这最后一次实践活动，我想给他们更大的自由，在班会课上宣布，此次活动和以往一样分成7组，但是自由分组。话音一落，同学们马上欢呼雀跃，有的连连感谢，有的迅速组队。说完，我便离开了教室。晚上回家，已经很晚了，我接到王惠乔妈妈的信息，大致意思是说，孩子晕车，就不参加这次实践活动了。

我感到很奇怪，一是我们参与实践活动的回执已经上交，王惠乔也选择参加。二是她的确晕车，但是六年来没有一次缺席过实践活动。她坐大巴车非常爱晕车，我总是安排她坐在前排，她不舒服我便坐在她身边，让她靠着我。这样一来，虽然过程中依然是不太舒服，但是只要下了车，三五分钟她便又生龙活虎，丝毫不影响任何活动。

　　我没有着急回复，而是仔细想这件事和以往有何不同。突然意识到可能是因为她没有主动和同学去分组，在分组上比较失落。她是一个极其爱阅读的孩子，能又快又好地完成课内作业，然后拿书来看。（5）班的孩子课堂宽松度很高，他们只要能完成任务，剩下的时间便可以自主安排。王惠乔绝对是效率最高的那一个，这样她的时间几乎都用在了阅读上。课间的时候，她常坐在座位上专注地看书。她看书的速度极其惊人，关键她能在如此惊人的速度下完成总结和归纳并为自己所用。

　　认真思考后，我觉得我的判断是正确的，她把时间拿来看书，加上大家认为她是学霸中的学霸，靠近她有些高处不胜寒的感觉，所以她和同学沟通的时间便少了很多。我突然想到，很多卓有成就的大家都是孤傲的，王惠乔就是（5）班身怀绝技让人不敢靠近的人。整理了自己的思绪，我开始给王惠乔妈妈回复信息：惠乔妈妈，我想了想，应该是我的错误导致她不想参与这次实践活动的。本次实践活动，我没有安排分组，让孩子们自由组队，王惠乔应该是在分组上遇到了不太开心的事情。首先，我向您和孩子道歉，我没有想到自由分组带来的弊端。其次，代我转告孩子，明天一应必需品，我都替她准备好，这么晚了您也没有时间再去给孩子买午餐，时间、地点不变，我在集合的地方等她。最后，明天我会和孩子们讨论这件事情。

　　我盯着我们的对话框，好几次显示对方正在输入中，然后又取消。我知道她在措辞，但我不知道她的答案，我静悄悄地等着。最后传来了这样的一条信息：孙老师，我真的太感谢您了，您一猜就猜中了。看到您的信息，我都掉眼泪了，您了解您每一个学生，对王惠乔的成长做出了不可估量的影响。我明早一定告诉她，让她自己决定。

　　第二天清早，体委整队，清点人数，一切都像往常一样，有序而平静。然而我内心非常忐忑，我不知道因为我的安排而伤害到的孩子，是否会参与这次活动，给我弥补错误的机会。离发车只有五分钟的时间了，我不停地张望，希望目力所及的拐角处能有她的身影。就这样望着，脚步不由自主地向她来的方向走去。突然间，电话响了，是王惠乔的妈妈，她告诉我孩子已经出发了，问我孩子是否到了。我心中一阵窃喜，不由得加快了脚步。像一束光照进昏暗的空间，她出现了，脚步有些迟疑，表情和我一样地忐忑。我站在原地，展开双臂，微笑地看着她，她脚步快起来，我们结结实实地拥抱在一起。我轻轻地说："真好，你来了！"

我们俩一起走到大巴车下，已经是上车的时间。大家上车，坐好，把书包放在腿上，最后系好安全带。王惠乔回到队伍中，像其他同学一样，坐好。车启动了，我缓缓地靠在前排座椅上，嘱咐大家注意事项。最后一个环节，我问孩子们是否分好组，孩子们兴奋地告诉我已经分好了。我接着问，是否每个人都有组，孩子们你看看我，我看看你，开始找寻是否有同学没有组。"老师，我们组四个人。""有没有六个人的组？"没人举手。"那这样看来，我们班有一名同学还没找到组织呢。""王惠乔。"宣委直接说出了她的名字。那一刻，同学们齐刷刷地把目光投向王惠乔。她尴尬极了，脸立刻红了起来。我走到她身边，轻抚着她的肩膀，当着全班同学的面，对她说："真抱歉，我没有发现你还没找到小组。"紧接着，我和孩子们聊起我在这件事中所犯下的错误。孩子们沉默了，我们清晰地听到汽车马达的声音，除此之外，连呼吸声都听不到。突然，班长站起来了："孙老师，这件事情我也有错误，我没有查看分组情况，导致王惠乔没找到组。"小星站起来，怯怯地说："孙老师，昨天王惠乔找过我，我觉得她太闷了，所以没接受。我也有错误，没考虑她的感受。"

看着同学们你一言我一语地自责，王惠乔的泪水已经在眼眶中打转了。我想，如果想让孩子们发现自己的问题，教师应该先开诚布公地说出自己的问题。孩子们会循着教师的思维方式去思考问题。

"老师，我们组四个人，我邀请王惠乔加入我们组。她上知天文，下知地理，像个学问猫，一定能带领我们更好地完成实践手册。"小星打破了沉默。

王惠乔听到"学问猫"这个评价，一下子笑出了声音。就这样，她有了自己的实践小组。

至今我对这件事仍记忆犹新，因为我的草率伤害了一个敏感的孩子。但也因为我的引导，孩子们学会反思自己的问题，学会顾及班中每一个人的感受。

第四节 撬动成长的支点

有人说好孩子是在鼓励中成长的，如果教师都用一双善于发现的眼睛，细心地去观察和了解自己的学生，把他们的用心良苦和所有努力都看在眼里，并真诚地去与他们沟通，那么，孩子就会有成就感和自豪感，从而得以飞速的成长。这就是赏识教育的可贵之处，而赏识教育是撬动成长的支点。找寻到孩子的优点，一路赞赏，孩子便会由点及面地变优秀。

一、用心观察每一个学生，挖掘其身上的闪光点

作为班主任，要善于洞察学生的内心，摸清学生的心理特点。我的2018届毕业生中有个孩子让我感到遗憾，他的成绩一直是班上的后几名，我把更多的时间用在观察他的学习状态和提高其学习成绩上。等毕业了，我无意中了解到他在各级各类的乒乓球比赛中屡屡获奖。我对这件事进行了深刻的反思：我当初为什么没有再细致地去了解他，也许从不同的角度去激发他，他的成绩会有意想不到的提高。所以，对于现在的学生，我总是用心寻找他们的闪光点，也能很敏锐地观察到他们的不足，并有的放矢地去引导他们。

班上的白某也一直是这个班上的后几名。在接触这个班不久的一节语文课上我布置了一个作业，让学生把自己心中的桃花源画出来。除了平时画画比较好的孩子外，白某的画引起了我的注意。他画得细腻逼真，还加上了自己的想象。忽然一个学生说，老师，他画这个画用了四个小时。我很震惊。但马上意识到，这是一个很好的教育契机，于是我单独找到他，表扬了他的绘画水平，鼓励他好好学习，将来去考美术院校。以前他自己没有学习动力，听了老师的话，眼前一亮。有了奋斗的目标，学习起来也有劲了。他开始认真听讲，还让爸爸请了老师给他补习英语。英语老师也抓住这个机会及时鼓励他，给他增强了信心。看到他的成绩一点点进步，我很高兴，因为我抓住了教育的契机。用善于发现的眼睛去观察孩子，并及时进行鼓励，简单的言语，蜻蜓点水般的教

育，却可以取得意想不到的效果。

要想了解学生，就要跟他们多接触，多听听他们的声音。他们思想活跃，想象力丰富，需要表达和交流，尤其需要来自师长的疏导和劝慰。遇到事情，我总是在第一时间听听学生的意见，看看他们态度如何，这样既可以提高学生的主动参与意识，也可以增强学生对班主任的信任度。在发表见解的同时，学生们养成了遇事多动脑筋的习惯，也培养了明辨是非的能力。开学初，我们开了一次班会，主题是"我有一双慧眼"。我让学生写出班上10个同学的优点。写完之后，让学生贴在教室的后面。下课后，学生们总会到那儿去寻找自己的名字。这个活动不仅让孩子有了自信，也让我发现了很多孩子的闪光点。抓住他们的闪光点进行教育，总是能产生很好的效果。

二、在文体活动中鼓励学生，展现每个人的风采

学校重视学生综合素质的养成，各学校都会经常举办各具特色的活动，我们学校也不例外。在这样的氛围中，学生的个人能力可以得到充分的发挥。所以，只要是学校组织的活动，我总是鼓励学生去参加，并在这些活动中让他们各方面的能力得到提升。

我校每周都会进行周优秀班集体的评选活动，我们班连连获奖，这得益于班委的责任心和班中孩子的团结之心。每每饭后回班，班长和卫生委员都在看桌子齐不齐，地面干不干净。看到这么尽职的小帮手，我心里很高兴，这就叫作班级意识。后来的班会，我问他们："听到广播中表扬我们班我很开心，你们是如何做到的呢？"有的孩子说，我经常会看看自己周围的地面有没有杂物；有的孩子说，我经常会把我周围同学的桌子摆齐。我对这些行为提出了表扬，鼓励了那些能主动为班级争光的学生，其他的孩子也受到了有效的教育。同时我也引导他们，要随时注意班上的卫生，每个人做好了，班上就整洁了。

每年一次的"六一"活动，我都会让学生精心准备，认真排练，发挥出他们最好的水平。学生在运动会上表现得很积极，我就鼓励他们去训练，去拼搏，只要努力就是成功。说起刚刚结束的运动会，有一个插曲，班上一个很内向的小男孩，成绩很好，体育却一般。体育委员给他报了一个长跑项目，他很苦恼，

于是写了一篇文章《烦人的长跑》，抒发他的恐惧。而班上擅长长跑的人都报了别的项目。放学后他又找到我，问我："老师，如果我拿不上名次您不会批评我吧？"我看这个孩子的压力太大，便鼓励他："当然不会批评你了，只要你能超越自我就是最棒的。"后来，每天上体育课，他都会去练习，晚上放学后也在小区练习。比赛的时候，我去给他加油。但他竭尽全力却只跑了四百米。结束后，他不小心摔倒，我看了看他的手，给他的手来了个特写，并开玩笑地说："这是奋斗的双手啊。"他轻松地笑了。虽然没能为集体加分，但他的集体荣誉感已为他赢得了满分。后来班会课，我把他的事跟同学们说，夸他是个勇敢面对挑战的人，值得老师和同学学习。同学们都对他报以最热烈的掌声。从此以后，这个男孩更加努力、更加坚韧，从来没放弃过任何一个拼搏的机会，学习成绩也越来越好，成为班级的领头羊。

这些小事都体现了同一个道理，学生都是"潜力股"，他们有无数的可能等待我们去挖掘；而教师对他的赏识就像一把打开他心门的钥匙，能指引他朝着更远的方向发展。

三、全面合作，赏识教育要多角度体现

除了在学校管理，教师还应经常到学生家里去，看看他们的生活环境，看看他们的家庭结构，尤其他们取得进步的时候要去家访，这样就能更好地了解孩子，提升他们的信心，也让家长更加肯定自己的孩子。每次家访，都会让我感觉跟学生的距离又近了。

赏识教育的一个很常见的载体，就是掌声。我们每天都要进行班级事务的总结，有表扬，有建议。原来有的孩子总是不服气，或是因为自己没得到表扬而失落，从而忽略了对别人的祝贺。利用这个契机，正好可以教育孩子要用赞赏的眼光评价别人，营造积极向上的竞争氛围。所以对于赏识，不只是老师该做的事，一个健康的集体，每个人都要学会赏识别人，这不仅会增强个人的信心，更能凝聚班级的力量，让每个人都得到健康的发展。

班主任的工作很繁杂，但每天只要一到学校门口，我就会产生一股强大的动力。我希望自己能每天带着一颗上进之心和真诚之心去感染学生，让他们逐

渐形成良好的品格，掌握良好的学习方法，慢慢实现自己的理想。这样的教育，总是事半功倍，我想，这便是赏识教育的魅力，这便是撬动成长的支点。

第五节　听，蝴蝶的呢喃

在（5）班孩子的童年里，楼顶种植活动是一颗闪亮的星。我们在楼顶感受风吹过的声音，用心倾听蝴蝶的呢喃。在种植的过程中，孩子们也像蝴蝶一样，感受着植物的生长，体悟着自己的成长。让我们一起听听这些"小蝴蝶"的呢喃吧。

王一川如是说：

时光荏苒，我总会想起我充满欢声笑语的六年小学时光。每每想起孙老师，我心中便有千言万语和温暖的感受。

作为一个少年，我现在还无从谈起"人生"这么大的外延，我想说的是"童年"。小学六年，在我的童年时光中占据了举足轻重的位置。记得上小学时，和蔼可亲的孙老师像姐姐般教我们知识、带我们活动，我们一起开辟顶楼的苗圃以及收获属于我们的劳动成果。孙老师还带着我们一起查阅知识、规划种植，把原本光秃秃的学校顶楼变得绿意盎然。

孙老师带我们种植了瓜果蔬菜，顶楼俨然变成蔬菜与水果的综合园地。从准备土壤到浇灌施肥，整个过程都是孙老师带着我们与爸爸妈妈一起利用周末时间完成的。平时总是忙碌见不到面的爸爸妈妈，终于可以一起出现在学校，与我一起体验不一样的乐趣。爸爸妈妈对我说："这样的陪伴是最有意义的。"我心里暗暗地欢呼："感谢孙老师！感谢小菜园！我很喜欢爸爸妈妈与我在一起的欢乐时光！"孙老师与我们班级每一位同学都在精心呵护着属于大家的苗圃园地。顶楼没有水，大家就利用课间或者午休时间去水房打水拎到顶楼灌溉苗圃。苗圃中每一株植物的生长情况都被我们悉心记录在本子里。慢慢地，我们的劳动果实日渐茁壮。暑假期间，我们轮流承担起给蔬菜浇水以及照看苗圃的任务，我第一次体会到"责任心"这个词是如此让人充满荣耀感。

从三年级开始，我们的苗圃规模日渐扩大。春种夏出秋收，我们乐在其中。在城市生活的我，经过几年的苗圃耕作，慢慢体会到农民伯伯的不易，做到餐餐不浪费。我发现在学校我可以做这么多力所能及的事情，回家我也可以帮助爸爸妈妈分担家务，帮助他们照顾家里。每天提水灌溉，锻炼了我的身体；经常观察植物生长情况，及时与同学交流心得，培养了我的责任心及同学互助关系。从三年级到五年级，妈妈说我长大了！学校苗圃里的西瓜、茄子、辣椒、小菠菜、韭菜，也熟了，呈现给我们不一样的顶楼风景。瓜果熟了一季又一季，我也真的感到自己长大了！同学们也都长大了！孙老师每一天都在用照片做记录，这是我们的成长记录，有什么能比这更珍贵呢？

直至今天，我一回忆小学生活，就想起孙老师笑盈盈地在苗圃陪伴我们的每一天。在绿意盎然的蔬菜瓜果映衬下，我们收获的是勤劳的果实与自己苗壮的成长。这是我人生启蒙阶段对责任与爱的体验——珍贵的童年生活。我爱我们的苗圃，我爱我的老师和同学！

唐茂源如是说：

小学期间我们有个独属于我们（5）班的种植园，就在学校教学楼的楼顶。这个种植园是我在学校课间生活的乐土，给我带来无比的快乐和成长的收获，珍藏在我的心中，永不凋谢。

城里长大的孩子，对农作物的生长知之甚少。为了让我们获得更多相关知识，体会劳动的乐趣，孙老师和科学老师商议后，决定把教学楼顶的空地作为我们的种植园。当得知可以在楼顶种植蔬菜瓜果时，我特别兴奋和激动，充满期待。到了种植的那一天，同学们纷纷跟随老师到了楼顶，我自然也在其中。在孙老师和科学老师的指导下，我们把土壤分到种植盆中，然后把种子撒进去，又给种子们浇了水。种植盆大小深浅各不相同、颜色各异；植物的种子种类繁多，有菠菜、韭菜、西红柿、茄子、黄瓜、辣椒、西瓜等。从这一天起，我们每天都在课间到楼顶对植物进行照料，并观察植物的变化。

种子发芽了。它先把土壤顶起一个鼓包，然后将头从土壤中钻出来，带着好奇探头探脑地看着这个新世界。我也好奇地观察着它们，想象着它们会发生什么样的变化。渐渐地，植物的叶子长大了，茎干变粗了。它们的苗壮成长带给我欣喜，我感到我也长大了。暑假来了，同学们踊跃报名要在假期到学校照料植物，我们排好了值日表，使得每名同学都有机会。值日同学都会拍照片发到班级群里，让其他同学也能看到植物的生长情况，以缓解他们的牵挂之苦。这些植物在同学们的精心呵护下长势喜人，丝毫没有受到假期的影响。

秋天到了，这是收获的季节，绿油油的菠菜和韭菜郁郁葱葱地站在盆里，顶着金黄色花朵的黄瓜在架上荡着秋千，红彤彤的西红柿笑嘻嘻地挂在枝头，绿色的西瓜安逸地在藤蔓上晒太阳……我们的努力结出了硕果，多么令人喜悦啊！我们一起分享了这些自己种植的瓜果蔬菜，感到它们是那么的美味。

对我而言，种植瓜果蔬菜的活动意义非凡。在种植过程中，我不仅了解了瓜果蔬菜的特性，也随着植物的生长得以成长。从播种，到种子发芽，到植物生长，再到开花结果，植物的生长历程体现着大自然的魅力，我从中收获了丰富的情感，比如期待、好奇、欣喜、牵挂、喜悦，懂得了春种、秋收，付出才能收获。在暑假不间断的照料也让我学会了关爱和牵挂，明白了只有坚持不懈地努力，种子才能开花结果。种植植物让我明白了园丁的含义，更懂得老师的辛勤培育和谆谆教诲。

我爱楼顶的种植园，它是一片沃土，它带给我快乐，带给我成长，带给我收获。

如今，孩子们已经毕业，楼顶的种植基地却依然生机盎然，他们的学弟、学妹也和他们一样在活动中收获着他们当年的快乐。蝴蝶的呢喃，是自然的韵味；"蝴蝶"的呢喃，留下成长的痕迹。

第四部分 冬之底蕴

冬是底蕴，厚积薄发，有着喷薄而出的力量。皑皑白雪下是沉稳，是积淀，是甘于付出。春的萌芽在冬的土壤下蓄势待发。教育的理念愈发清晰，线条愈发明朗。"冬天来了，春天还会远吗？"整装待发，再次走进四季的自然更迭，教育的繁花似锦。

第一章　冬夜朔风起　细数千千结

第一节　再回首

自从和孩子们一路种植植物以来，我的班主任之路充满成功的喜悦，现将我的心得梳理如下。

一、良好班风

良好班级风气的构建有利于提升班级的凝聚力，也有利于推动班级成员个人品德素养的发展。因此，良好的班级风气建设是班集体建设的核心任务和首要目标。

1.良好的师生关系是班风建设的前提

俗话说"亲其师，信其道"。在班级管理中，只有学生真正信服班主任，班级管理工作才能正常有序地进行。

要构建良好的师生关系，首先，班主任要尊重学生。尊重是教育的前提，班主任应该尊重学生的人格和尊严，尤其是在教育犯错误学生的过程中，要就事论事，不应戴着有色眼镜挖苦和讽刺学生。其次，班主任在班级管理工作中，要摒弃专制意识，学会民主化管理。《全日制语文课程标准》的核心理念指出："民主化是构建新型师生关系的牢固基石。"遵循这一原则，在干部选择中，我充分尊重学生的民主选举权利，让学生自由选举自己信任的班干部。这样不仅能选举出符合学生心愿的班干部，也有利于促进班集体的和谐，促进班级风气的民主和谐。

2.班级制度建设是班风建设的保障

"没有规矩，不成方圆。"优良的班风源于班集体中的活动准则，源于通过规章制度体现的各种要求。我们每个班级都有自己的班级制度，我也曾经整理出了自己的班级制度，但屡屡碰壁。后来，我明白了一个道理，那就是——班规班纪的制定要有针对性，切忌大而无当；制定的过程必须民主化，可由全班同学在班会课上共同商定；实施的方法必须得当，可由班委会在学生和班主任的监督下进行。另外，班规制定后必须严格按照其执行，不能因为学习好的学生触犯了班规班纪就可以免受批评。班主任和班干部要带头遵守，确保班规在集体中的权威性。只有这样一以贯之，才能真正使班风的形成有规律可循，才能逐步增强学生的自律意识和纪律意识，进而为优良班风的构建提供制度保障，带动班级风气的转变。

在诸多班级制度中，我设置了值日班长。厚厚的值日班长记录本记载了孩子们成长的点点滴滴。每天晨检，值日班长都会做前一日的总结，提出表扬和希望，然后将接力棒传给他认为就昨天的表现而言最有资格担任值日班长的孩子。从这里开始，我看到孩子们在日常学习、生活中日渐懂得了"律人先自律"，并为全班创造了"争当先进、争做表率"的良好氛围。

3.班级文化建设是班风建设的重要方面

班级文化是一种特殊的教育力量，对学生的影响是潜移默化的，它无时不在、无处不在。积极、向上、团结、和谐的班级文化对班风建设有着不可替代的作用。

那么如何培养这种文化呢？为此，我依托学校的班级花园建设大型活动，和孩子们一起确定班花君子兰，取其"君子谦谦，温和有礼；有才得志而不骄，居于谷底而不自卑"之寓，开展了一系列"寻找身边的绅士淑女"主题班会，让男孩子们树立恭谦礼让，胸怀宽广，博学多识，意志如钢的好品质。让女孩子们树立知书达理，热情善良，举止优雅，聪明灵秀，自尊自爱，自信自强的好品质。不仅如此，我们还将其成册，展示了班级中孩子们亲手栽培的种种花草，让他们在获得成就感的喜悦中也习得责任和担当。我们的班花君子兰已经陪伴我们五度年华，每年开花我们都会和它拍照留念，因为这里有太多的情感和寄托，苦涩的历练和幸福的成长。我们全班师生和家长还曾在学校的楼顶搭起棚子，建成了约50平方米的蔬菜基地，每天我们都轮流照看这些植物，秋收季节，我们摘下茄子、黄瓜、西瓜等果实，在教室里分享，那个场面每当想起，便觉得一切辛苦都是值得的，因为在我们辛勤劳动的过程中，孩子们体悟到植物在生长，生命在跃动！不仅如此，我们还就班花的成长和蔬菜基地的建设过程中开展了朝阳区的社会主义核心价值观的班会展示课，主题定为：春种秋收，勤劳笃行。

4.学风建设是班风建设的核心内容

学生最基本的任务是学习，所以班风建设必须以学风建设为核心。我认为班风建设的成败首先体现在学风上，学风不仅是学生学习素质方面的反映，它也和学生的思想品德、纪律、人际关系等方面的内容密切联系。好的学风要求学生要有正确的学习目标、学习动机、学习态度、学习方法。在学风的建设上，我首先要做的是了解每一个学生的全面情况，从学生家长和任课教师处了解学生情况。其次，洞察学生内心，如业余时间常和学生沟通，了解班级动态。最后，以自己掌握的学生具体情况为依据，分析学生当前学习中存在的问题，并通过召开班会或找个别学生谈心等方式解决学生学习中的问题，进而确保积极向上的班风、学风。

5.召开班会是班风建设的重要手段

班会课是班级管理的重要阵地，要充分利用好每周的班会课。首先，作为班主任，课前我们应充分了解本班学生实际情况，有针对性地组织班会的主题和主要内容。课上，我们要善于运用表扬和批评的手段，实现对班风的整顿和引导。班会是集体平台，学生一般自尊心较强，渴望得到别人的尊重和肯定。我们在班会课这一公众场合，表扬某一学生，不仅会对这名学生产生巨大的激励和鼓舞作用，也会带动其他学生向这名学生学习，进而带动班级风气的好转。同样，我们在班会上对某一不良事件或不良风气进行批评时，也会在学生之间产生巨大的威慑作用，进而达到阻止班风恶化的目的。

二、习惯培养

我们深知，小学阶段是习惯养成的关键时期，作为班主任，我们肩负重任，一路走来，我认为我们要培养学生两类习惯：一是生活习惯；二是学习习惯。

对于生活习惯，我要求学生做到以下几点：首先，保持良好的个人卫生；其次，个人物品摆放有序；最后，文明礼仪不可少。

对于学习习惯，我常抓不懈的有以下几点：

（1）勤奋学习的习惯。培养习惯要具体、明确。我们要养成孩子勤奋学习的习惯，就要明确任务。勤奋这个词语于学生而言是抽象的，但是课前预习，带着问题上课，上课专心听讲，作业字体端正、格式正确等等，这些要求却是具体的。

（2）乐于读书的习惯。课外书对于孩子们来说可是珍宝，我从不干涉他们阅读课外书，只有一条规矩，课上不允许偷看，一经发现，概不允许再带进学校。孩子们和我很是默契，懂我的仁慈，也懂我的严厉。我认为知识不应该是凌驾于心灵之上的，而是让心灵更纯洁、更剔透。所以作为班主任，我不但致力于抓学生学习，更致力于抓学生健全人格和高尚品质的养成，而这些品质通过广泛的阅读便可汲取。

（3）勤于动笔的习惯。我们的作文集和诗歌集在我和孩子们的共同努力下初露羞涩的面容，虽然它称不上精美，但却是我们师生心底最美的回忆。拼插在展板上的各种评价机制和有趣的奖励，也都让孩子们学会了团结互助，我深信他们会携手在成长的路上分享美丽、分担风雨。

（4）善思归总的习惯。我班以小组为单位，4人一组，进行初步的学习和探究，遇到实在解决不了的问题，才会记录并统一交到我这里，然后我们在课上一起讨论，最后在不违背主线的基础上每个人形成自己的观点。我们常常苦恼，学生在听课和做作业时会应付老师，其实就是因为学生不会思考。另外，态度问题也将直接影响学业成绩，我的对策是，进行群体表扬或惩罚。一组4人，先是独立作业，继而自查，最后组长检查。若有作业敷衍了事者，整组受罚。这样一来，学生在作业上便会深入思考，将错误率降到最低。对于归纳和总结，我们深知知识是有联系的，不可像狗熊掰棒子，一路走一路丢。作为一名语文老师，我的学生都有一个归纳知识点的本子，记录着每册书每单元的各类基础知识。刚刚过去的暑假里，我们全班以小组为单位汇总了一至五年级的名家名篇、独体字、易错音、古诗分类等一系列基础知识。归总知识是一种能力，更是一种很好的习惯。

三、家校合力

作为年轻教师，我们可能不愿和家长进行沟通，怕说错话，怕沟通不当解决不了问题。但我想说，家长绝对不是教育的幕后工作者，而是与教师同样站在教育的最前线，没有谁凌驾在谁之上，而是并肩前行。所以班主任和家长要勤沟通。还有一点，我们习惯告诉家长学生存在的诸多问题，希望家长对孩子进行教育，却忽略了对学生良好行为、良好品质的反馈，其实正强化的力量不可小觑，我们可以试着跟家长表扬学生的优点，但要具体、要真实。教育合力不是一朝一夕形成的，需要我们对家长信任、尊重，更需要让家长感受到我们对学生的关心和爱护。

四、工作反思

物换星移，我已不再是那个刚刚步入"和一"的迷茫的自己。在未来的教育之路上，我对自己的要求是：尽量让日常工作杂而不乱，繁而有序；每天授课内容要做到心中有数，当天需要完成的工作不拖延；面对班级中的突发状况，要做到不慌不乱，先做重要的事情；尊重老教师，团结新教师，因为良好的同事关系会让我更好地投入工作；做个自信又阳光的人，让班集体充满力量。

班主任工作琐碎而繁杂，但千难万难敌不过老师对学生有爱和对工作的用心。我会在前进的道路上策马扬鞭，与时俱进，形成教育的智慧，继往开来，迎接新的挑战。

第二节　那一场激烈的争吵

和徐徐妈妈发生争吵是七年前的事了。那一晚，九点半，手机短信的声音想起来："孙老师，我想问一下，'好儿童'是怎么选的？"我努力回想起白天已经评选完"好儿童"，所有选票都已经汇总上报给德育处，而且当时是副班主任在班里，我没有做任何引导。当时暴脾气的我，瞬间从床上跳下来，直到现在我还记得当时自己的感受，说火冒三丈一点都不过分。

"我按学校要求做的，副班主任也在场，选票已留存，您有异议可到学校看选票。"

"你们的选票没有任何意义，我不看。"

"那您想怎样？"

"我就问你徐徐为什么没选上？"

几轮针锋相对下来，我已经是怒气冲天，心中只有一个定义，这不是没事找事嘛，优秀的孩子那么多，不是只有你家孩子最优秀。

正在气头上，电话打了进来，我瞬间接起，还没等对方说话，我便质问道："我们都是按照流程去做的，选票也留好了。您又不看，您到底要我解释什么？"听到我的话，徐徐妈妈马上说道："我只是想让你解释一下。这个过程到底是什么样的。""学校评选的流程早就和家长沟通过了。""我来！"一个更带愤怒的声音透过电话，把我身边的空气都弄紧张了。

"我就是想问你，徐徐在班里不差，怎么就没选上？"

"我没有办法跟您解释，总之我按规则走。"

"那好，你说不清，我找你们领导说去！"

"那是您的自由！"

说完我便挂了电话，然后久久不能入睡，不是反思，是因为气愤，不明白为什么会有这么咄咄逼人的家长。

时隔七年，我经常想起这件事，不仅因为这是我从教以来唯一被"告"的一次，还因为，这事让我每一次想起，就会反省自己。虽然，在后续的六年相处中，我和徐徐妈妈成了要好的朋友，也在孩子毕业后保持朋友间的联系。但是，不是每件事都那么幸运，换句话说，被打碎的关系很难复原。所以不打不成交应该是给彼此一个台阶下的话吧。

从这件事情中，我习得了几个道理。

一、从自然人到职业人

生活中，我是朋友们眼中潇洒的头一号，敢想敢干敢承担，仗义又体贴。这些话在我们的同学聚会中，常常说起。我不容许自己被冤枉，不允许朋友被欺负。每每遇到事情，朋友们都更愿意相信我和依赖我。很长一段时间，我都觉得自己个性里的东西，改不掉，还给它起了个美丽的名字，叫真实。有着自然人脾气秉性的我，在处理徐徐妈妈对我的质疑时，以理当先，气势恢宏，并由衷地欣赏自己的那一份坚韧和勇气。

然而，那件事情被领导知晓后，在领导和我的沟通中，我深深感受到自己的随意给学校、给自己、给家长、给孩子带来的诸多问题。我们的殷校长苦口婆心地和我分析事情的原委，教给我弹性解决问题的方法。徐徐妈妈和我在后来很长的一段时间里都心存芥蒂，不多说一句话。徐徐夹在我们之间，多少是有些感觉的，虽然我一直都很喜欢这个孩子。

后来的缓解，是因为徐徐妈妈的一封信，信中和我坦诚解释了当时的情况，以及我炸毛一般的反馈激怒了她和徐徐爸爸。面对如此坦诚的家长，我知道我该由衷地欣赏她。就这样，我也写了一封非常坦诚的信，告诉她我的想法，并为自己的言行诚恳地道歉。

从教的路上，我们会遇到各种各样的家长和学生，遇到矛盾是在所难免的事情，但是从那件事之后，我谨记自己是教育的职业人，从职业角度出发，理解对方才能更快、更好地解决问题。

二、从职业人到自然人

漫漫从教路上，我在和孩子的沟通中细心感知他们的情绪，我在和家长的交谈中倾听理解他们的焦虑，经历过万千感受后，我遇到了更好的自己。我依然很个性，但我顾及他人，眼中有自己也有他人；我依然仗义，但我兼顾解决问题的实效，而不是出于发泄而去做事；我依然潇洒，但我能专注地工作，并用这种行为影响我的学生。

慢慢地，我已无须刻意让自己以一个职业人的身份站在家长和学生之间，而是将自己最自然的样子呈现出来，这种自然让我们彼此都感到舒服。

我永远都不会忘记和徐徐妈妈的争吵，它时刻警示着我要一路向前，不可顽劣，不可把持着自以为是的真实再去制造麻烦。

第二章 东江百丈冰 犹有静水流

第一节 三千六百秒的启示

2018年的寒冬，我在大帅家楼下站了整整一个小时，即便穿着厚厚的长款羽绒服，我的脚依然感觉不到温暖。刺骨的冷风让我极其清醒，但原本规划好的目的却像冰碴一样支离破碎。

说起大帅，有种不知从何说起的感觉。他长得高高大大，六年来从未请过假。一年级时，他经常在教室里拿着自己的"鼻涕虫"跑来跑去；老师稍不注意，他便跑到讲台把正在使用中的投影设备的电源切断。至今，我仍清楚地记得，他在交给我的生字本中夹了一只活蟑螂……稍大一些，他在冬天将自己的臭袜子放在教室暖气片上，但凡他走过的地方，一定留有他的味道。我从没见到寒冬腊月从家走到学校就满头大汗的孩子，大帅就是那样，每天头上冒着"白烟儿"来到班中。关于他的学业成绩，可以用一塌糊涂来形容。数学分数从未得过两位数，英语从未及格过，谎话连篇，很少有人能分辨出他的哪句话是真的哪句话是假的，就连抚养他长大的姥姥也不能。大帅有次拿姥姥的钱花，金额不小，被姥姥发现后逼问他把钱都花在哪儿了，剩下的钱在哪儿。他说剩下的钱在我们教室的书架子上。碰巧那天是周五，我回家很晚，经过教室时发现灯亮着。我赶忙走进教室，眼前的一幕把我惊住了，大帅的姥姥正在翻我的抽屉。她见我进班，没有任何不好意思，气呼呼地说："这崽子偷我钱，说剩下的放你们教室了！"我平复了一下情绪，问道："您找到了吗？"姥姥恨恨地说："没有！"我转身向大帅看去，问他是否放在了教室。他怯怯地说没有。话音刚落，姥姥拿着笤帚奔向大帅，嘴里骂着"崽孩子还敢骗我"之类的话，大帅则一个跳跃躲闪。就这样，他们一老一小在教室里你追我跑。大帅踩着椅子如飞檐走壁；姥姥也很矫健，前后围堵。"你们能停下来吗？"我忍无可忍，突然大喊了一声。他们听到我的声音后，站在原地不动，几秒钟后姥姥拉着大帅走出了教室。第二天，大帅满身伤痕来到学校，他说是爸爸揍的。

我追问大帅拿钱买了什么，他的回答都是一些吃的喝的。因为大帅挨打的事情，我无数次找过他的爸爸；因为大帅不学习还捣乱的日常，我也无数次地找过他的爸爸。二年级时，他的爸爸已经不愿接我的电话，有一次竟然威胁我说再给他打电话他就带着大帅跳楼。

对于大帅，我很无奈，对于大帅的家人我更无语。然而我也并没有放弃他，如果我选择放弃，他向善的力量就会微乎其微，将来对己对人都是一种伤害。大帅的衣服很少有合身的，想来都是别人送的。我便带着他去商场买衣服，买鞋子，时常给他零食。渐渐地，他开始学习语文，虽然很费力，但我仍每天给他补课。后来，他会在我开会的日子里，走遍整个学校去找我。虽然他极其特殊，但是我也在付出中看到了他的成长。

六年的时光里，我和大帅每天都有无数的交集。有一次，我们在操场上玩，大帅踩死了一只蜻蜓，孩子们气愤地来找我，向我告状。我是一个疼惜万物的人，从不伤害生灵，面对眼前的蜻蜓，我让大帅给它道歉，并集合队伍，告诉（5）班孩子们不但要爱自己的生命，也要尊重世间万物的生命。那天，我们在操场上聊了很久。散场后，大帅托起那只死去的蜻蜓，将它埋在了操场的树下。我很欣慰，他开始有悲悯之心。这次教育对他们来说，远远没有结束。我们班有晨练的习惯，孩子们总是早早到校。雨后，操场上爬了很多蚯蚓，那天我到操场的时候，孩子们用小树棍挑起一条条蚯蚓，将他们送到操场边上的花坛里，大帅也参与其中。他见我到了操场，兴冲冲跑过来，和我说待会儿马上是早操时间，如果不把蚯蚓送到安全的土里，它们都会被踩死。那时候他们才上二年级。

虽然大帅有进步，但也是状况频发。为此，我想要改变他的爸爸，让他认同我的教育理念，并和我一起努力教育他。我决定去家访，看看大帅在家的生活状态。他的爸爸没有拒绝我。那天放学后，我和大帅一起往他家走，在楼下碰到大帅的爸爸。我心中一喜，大帅爸爸在这么冷的天居然还在楼下等我。"老师，我们家太乱了，您就别去了。"大帅爸爸一开口我的心凉了一半。"那我们就在楼下说吧。"我似乎也没有别的选择。

寒风中，我们站了整整一个小时（三千六百秒）。大帅爸爸和我诉说着家里的困难和他的无奈。大帅的妈妈精神不正常，连自己都照顾不了。姥姥年岁越来越大，身体也不好。所以大帅爸爸每天打两份工，白天一份晚上一份，每天只有一小时的时间回家，吃过饭后，再带走一份。对于大帅，因其智商本就不高，他也疏于教育或者说根本没有时间教育，经常是棍棒相加。说着说着，他激动地哭了，说道："老师，我绝对不会让他忘了您。"一个中年男子在我这样一个年轻人面前哭，我心如针扎。我们常说孩子是父母的影子，动辄就把教育不好孩子的原因归根于父母的养育出了问题。而那一天，我突然意识到，每个人都有自己的生活方式，也有自己不为人知的困境，作为教师不要妄图以一个救世主的身份揭开别人的伤疤，改变别人。

我没有办法改变大帅的家庭结构，没有办法改变其父的焦灼无奈，唯有在大帅还是我的学生时，给他正确的引导，尽最大努力让他成为一个尊重自己、也尊重他人的孩子。大帅毕业后，我只见过他一次，他站在学校门口张望，直到我们的眼神对视。我知道他想我了，我又一次和他说起毕业时对他的叮嘱："永远都别放弃自己。"他点点头，风一样地跑开了。

看着他远去的背影，我百感交集。每个人的生活都该被尊重，不可妄念改变别人，因为有些重担是我背负不了的，我又怎能拿自己的标准去要求别人？如今，面对家长，我平和又坦诚，不去责怪和妄图改变。

第二节 评价"努力"而非"聪明"

草木葳蕤，丁香绽放，正是暮春的大好时节。

此时的我，看着操场上嬉闹玩耍的孩子们，心情却一点儿也不轻松。作为2018届（1）班的班主任老师，我班的任课老师正在向我反馈我们班班委小妍的情况。他说，这孩子以前给人的印象都是文静大方，待人有礼，成绩也很突出，但最近却有些变了，表现在不爱发言，不敢尝试，甚至都不能听批评的话，一听就生气发火，大家都感受到了她的"暴风骤雨"。这位任课老师反映的情况，我也有所觉知。她曾考过全科满分，当时我还表扬过她：你真棒，我为你骄傲，你考了年级第一！到底是哪里出问题了呢？是什么原因让这个有资质的孩子退步了呢？我开始认真思考起来。

很快，我找到小妍的家长，反馈了孩子的近况，希望家校合作，一起找到孩子成绩波动的原因，然后有的放矢地解决问题。当我提到，老师曾批评小妍而小妍反应过激时，她的妈妈说，小妍从小就是个乖孩子，表扬夸奖太多，可能对批评的承受力不够。当我带着我的困惑向我的师父——学研组长请教时，师父说，现在有一种教育理论是提倡夸赞教育的，但如何夸赞却是一门大学问。关键看夸赞的关注点在哪里，如果只是事物的表面，如分数、名次、结果，那对于孩子的成长没什么帮助；如果关注在孩子的内心，如自信、努力、坚持等，那夸赞就会起到正面力量。

师父的一席话，给了我很大的启发。夸赞还有这么大的学问呢！这激起了我的好奇心和探究心，我开始翻阅相关书籍和资料，研究夸赞的分类和形式，以及对个人的影响力。终于，我在由当代美国著名心理学家和教育家简·尼尔森的《正面管教》一书中找到了答案。尼尔森强调，鼓励是帮助孩子成长和学习的最好方法。她把鼓励和表扬单独区分开讲，认为两者之间有很大的区别。表扬的句式有："我为你骄傲。""你这么听话，令我很高兴。""我喜欢你所做的。""你做的正是我想告诉你的。""你真是会令我高兴。""好吧，这就是我所期望的。""你真是一个好孩子。"等等。鼓励的句式有："你付出努力了，你该得到它。""你一定会为自己而感到骄傲。""你对此感觉如何？""你自己就找到了解决问题的方法。""我相信你的判断。""你能决定什么对你来说是最好的。""我相信你可以从错误中吸取教训。""不管怎样我都爱你。"

通过这两种夸赞话语的对比，我立刻明白，表扬只是暂时有效，能短暂地激发孩子的良好行为，但长期效果并不好。具体到小妍的例子，我们表扬她的成绩，这种表扬可能让孩子当时自我感觉良好，但对孩子形成健康的自我认知，长期效果并不明显，相反一旦失去这些表扬，还会有负面效果，如情绪失控、不敢尝试、怕犯错等。看到这里，我茅塞顿开，找到解决小妍问题的突破口了。

我把我的读书心得和师父进行了汇报，师父建议我拿出一个行动方案，并与家长、任课老师一起达成共识，一起努力影响与改变小妍。自此，我们家校合力，开始减少对小妍的表扬，而有意识地增加鼓励话语。比如，有一次班内小组竞赛，小妍带领小组成员一起完成了一项有难度的任务。如果放在以前，我会说，你真棒，你真聪明，这么难的任务都完成了。现在我认识到这种表扬的话，只浮于表面，只关注结果，并未真正关注到小妍的内心，如她的动机、努力程度、是否用心等。于是，我大声地鼓励小妍及其队员说："你们自己就找到了解决问题的办法，你和你的队员会为自己的努力而感到骄傲！我关注到全过程中你们的用心，继续努力，期待更好的你们！"我看到小妍的眼中闪着激动的泪花。后来，小妍找我谈心，她说："孙老师，当时听到你的话，我好感动，我觉得你的话好像说到我心坎里去了。我真的是很用心地带领队员一起找解决办法，我们真的很努力，从那次竞赛后，我觉得我真的很了不起，我为自己的努力付出感到自豪。我想只要努力付出，反映了真实水平，无论结果如何，我都能坦然接受。"听了这一番话，我完全理解了：表扬就像糖果，偶尔吃吃能让人愉悦。但是鼓励却是每天的必须品。我们无法确定孩子们的决定是什么，但我们可以做一些能够影响他们做出健康决定的事情。鼓励可以让孩子看到自己能行，并认可自己的努力，而不是只专注于追求完美或取悦他人。我决定把鼓励的话语放在嘴边，我要让我的学生在有营养的、具有正面力量的夸赞语中茁壮成长。

第三章　冬梅凌寒处　欲与寒霜饮

第一节　探究性学习的研究

一、背景及意义

当前，我国课程教材改革瞄准培养21世纪创新人才这一育人目标，其着力点之一便是促成学生学习方式的改变，即变单一、被动、接受的学习方式为自主、合作、探究的学习方式。于是，"探究性学习"迅速成为教育界的热门话题。

新颁布的《全日制语文课程标准》（以下简称《课标》）中指出："学生是学习和发展的主体，语文课程必须根据学生身心发展和语文学习的特点，关注学生个性差异和不同的学习需求，爱护学生的好奇心、求知欲，充分激发学生的主动意识和进取精神，提倡自主、合作探究的学习方式。"也就是说素质教育的着眼点是要改变学生的学习方式。

探究学习，就是在教学中创设一种有助于探索研究的开放的学习情境。因此，探究学习不仅是一种科学的学习方式，还是一种现代的教学观念，为学生终生学习奠定坚实的基础。

探究学习对培养学生的实践能力和创新精神具有重要意义。

1.从教学过程来看

（1）探究学习关注与科学有关的问题和现象，从学生已有的知识开始，使学生积极参与寻找解释和答案的过程。

（2）探究学习的过程涉及信息收集和分析，要做出合理的预测，还须主动地构建、修正和放弃一些解释。

（3）在教师的指导下，学生在共同讨论证据、比较结论并把结论和科学知识联系起来的过程中，扩展了自己的理解。

2.从学生学习的角度来看

（1）由于提高了质疑、推理和批判性思考的能力，学生增强了对自己学习的控制。

（2）科学知识的扩展和探究能力的提高，使他们得以探讨其他感兴趣的问题、提出和验证对其他现象的解释。

（3）探究学习涉及深层次思维过程的重组，使学习者获得新的知识和思维方法，获得对科学的真正理解。

综上所述，本人认为，要培养学生自主、合作、探究的学习方式，我们必须认真学习《课标》，努力钻研现代教学理论，以"理"导行。只有给学生插上自主、合作、探究的理性的翅膀，他们才能"飞"得更高、"飞"得更远。

二、概念的界定

在当今国际科学教育改革的热潮中，"探究"是出现频率最高的几个关键词之一。按照《牛津英语词典》中的定义，"探究"的意思是："求索知识或信息特别是求真的活动，是搜寻、研究、调查、检验的活动，是提问和质疑的活动。"

所谓探究学习是学生从各种学科领域或现实生活的问题（或任务）出发，通过形式多样的探究性活动，以获得知识和技能、培养探究能力和应用能力、获得情感体验为目的进行学习的一种学习方式。

探究学习的特点：

（1）学习者必须得到一个明确的任务，或者在某一情境中自己发现问题。这一任务或问题可以是完整的，也可以是局部的（如只是提出假设，或只是设计方案），但应符合以下四个要求：能引起学生兴趣；有一定难度；不同的学生会得到不同的结果；有利于教学目标的实现。

（2）学习者应有充分的时间、空间，在教师的支持下对提出的问题或任务进行探究，并获得自己的探究结果。

（3）教师应组织学生将自己的探究过程和结果表达出来，并参与和指导学生的交流和讨论。

以上三个特点（提出问题、开展探究、进行表达和交流）实际上也是探究学习的三个基本的环节，它们构成一个完整的"探究循环"。

三、实施探究学习应注意的问题

1.要有明确具体的探究目标

我们教师心目中始终要有三类探究目标——知识目标、情感目标、能力目标。这三类目标当然要视课文的具体情况而定，虽然不一定每一节课都要有，但目标必须要明确具体。有了探究目标，学生在学习时才不会迷失方向，零碎、发散的思维才能得以集中。

2.要有切实可行的探究方法

探究方法对于语文教学来说，即感知、理解、欣赏、积累语言文字的方法。这些方法，学生需要在教师的指点下逐渐掌握。

"切实可行"是指探究的方法要针对语言文字的具体特点和学生个体的具体实际。学习是学生的个体行为，发挥他们的主体性不单是表现在让他们自主地选择探究的问题上，还表现在让他们自主地选择探究的方法上。

3.要有充裕足够的探究时间

这一点不用讲道理，哪位教师都懂，就是要保证学生有足够的探究时间，让其进行探究实践，才能真正培养学生的探究精神，提高学生的探究能力。没有给学生足够的时间，探究性学习就流于形式。

四、探究学习在语文课堂教学中的运用

陶行知先生在几十年前就提出："解放孩子的头脑，让他们能想；解放孩子的眼睛，让他们能看；解放孩子的双手，让他们能做；解放孩子的时间，让他们能学自己想学的东西。"教师应该把学习的主动权真正还给学生，把课堂学习的时间交给学生。学生应该知道学语文究竟要学什么、怎样学，通过哪些方法去感悟语言、运用语言。而教师的责任在于提供条件，给予引导、点拨、激

励,唤起学生发自内心的学习愿望,切实让每一个学生成为学习的主体,养成良好的主动学习语文的好习惯。

1.设境质疑,触发探究

实用主义教育家杜威认为,儿童在学校的学习固然包括学习现成的书本知识,但更重要的是自己进行探究和发现。

我在上《草船借箭》一课时,一上来就对学生说:"这些天来一直有一个问题困惑着老师,你们想知道是什么问题吗?"我让学生大胆猜测,通过创设猜问题的情境,激发了学生探究的强烈兴趣,最大限度地发挥学生探究的自主性。然后呈现专题"诸葛亮在跟周瑜立下军令状之前想了些什么",引导学生讨论,什么是解决问题的最好方式。学生回答:反复读书,认真思考。我又指导学生以小组为单位,进行小组分工:一个学生读课文,其余学生边听边想课文中哪些材料与解决这个问题有关;读完课文后组内互相交流、讨论;一个学生准备汇报,其余学生准备补充。

在这部分,我重视探究性阅读过程的指导,如引导学生选择解决专题的方法,对小组合作研究的分工提出建议,在学生自主探究时进行巡视、点拨、参与以及要求学生按照规则来交流汇报,等等。这些指导不仅仅是为了帮助学生潜心探究、引导学生提高探究性阅读的效率,更是为了培养学生良好的探究阅读意识、习惯和能力。因为对于探究性学习来说,探究过程往往比探究结果更重要,学生的探究能力是在具体的探究过程中逐步形成的。汇报交流中,我运用精妙的"只语片言",或引导、或点拨、或矫正、或碰撞、或激励、或启迪,使学生的认识不断深化,探究不断深入,信心不断增强。最后,我又抓住诸葛亮神秘的一"笑"和"周瑜到底在哪些地方不如诸葛亮"这两个关键点,适时、适度地巧问妙点,引导学生感悟隐藏其中的深刻内涵和众多信息。

2.发现焦点,集中探究

一般来说都是由我提出焦点问题,或者鼓励学生自己去发现有研究、讨论价值的焦点问题,在小组中展开讨论,进行探究性阅读。

比如学习《十里长街送总理》一课时,首先让学生认真读课文,提出本课学习最重要的问题。通过讨论,学生观点十分一致,认为最主要的问题是"总理为什么会得到那么多人爱戴"，于是整堂课我就让学生针对这个问题展开讨论。由于这个焦点问题确实对全文的学习起到"提纲挈领"的作用，且又给学生的讨论探究提供了广阔的空间，因此，学生学得积极、主动，对课文内容的理解也十分深刻、透彻。

3.角色扮演，情境探究

罗杰斯认为，人生来就对世界充满好奇心，在适合的条件下，每个人所具有的学习、发现、丰富知识与经验的潜能和愿望，都能够释放出来。探究式学习的教学模式就是建立在学生渴望学习、渴望获得新知的基础上。对于课本中的有些课文，可以根据课文内容，精心创设情境，让学生进入角色，就某一重要问题展开生动活泼、积极主动的探究性阅读。

如在教学《猫》一课时，为了让学生更好地理解"满月的小猫更可爱"这个问题，可以创设这样的情境："我们来评选最可爱的小动物，每个同学可以推荐一种小动物。如果让你推选小猫，你会如何介绍呢？请你们先在小组讨论、交流一下。"孩子们立即投入热烈的讨论之中。小组交流过后，我当评委，各小组分别选代表进行推荐演说。他们首先肯定了满月的小猫最有资格获胜，接着举出了"玩鸡毛""玩线团""抱着花枝打秋千""跌倒了爬起来"和"撞疼了也不哭"等证据，还细心地给我讲了小猫玩耍的过程。他们说的有理有据，看来是真正读懂课文了。

4.激发兴趣，引导探究

探究性学习作为一种学习方式，不应该仅仅局限于语文能力的培养，还应注重各种能力之间的相互渗透。作为班主任，生活中必须细心观察学生。在板报、队报设计比赛中，我惊喜地发现擅长绘画、编写儿歌的孩子；在班、队会活动中，一些孩子在舞蹈、唱歌方面有较突出的表现。于是，我突发奇想，为什么不充分激发学生各方面的才能，让他们自主运用到语文课堂学习中呢？我们的探究性学习就是要将语文教学与各种能力的培养紧密联系，引导学生去主动探究。

例如，学完《桂林山水》后，我向学生提出："学了本文，你可能被文中描绘的桂林山水奇异秀丽的美所感染，你能否把你所感受到的美用自己喜欢的形式表达出来？"这时学生有的去上网搜集资料、查找图片、寻找古代诗篇；有的学生在一起编舞蹈、绘图画；还有的学生找到优美的乐曲配上自己有感情的朗读。这样学生不仅可以对语言进行探究，而且还注重对其他能力进行探究。通过这一环节的学习，学生找到历代文人墨客赞美桂林的诗、画，如"慕名观赏荡舟行，静水清清碧玉凝。奇山含秀危峰险，人入画中更添情"等，并在此基础上加入自己的感受，使学习内容更加真实、具体。更难能可贵的是许多学生充分发挥自己的创造力和想象力，编出舞蹈、绘出图画来表达自己内心感受到的美；更有的学生不仅表达出了美，而且还通过大量的现实资料提出如何保护地球生态环境的观念。看到大多数学生踊跃参与，展示自己的才华，就连平时那些不爱举手的学生也开始蠢蠢欲动了。这样，学生在不同的学科领域都进行了探究，既提高了语文素养，又提高了艺术素养，更增强了社会责任感。

5.实践入手，开展探究

马克思主义的认识观告诉我们，人对世界的反映不是消极的，而是积极能动的过程，只有人这一主体的能动性被充分地调动，他对客观世界的认识才会更加深入。"探究式学习"的教学模式就是要最大限度地拓展学生的主观能动性，培养学习能力，求得学习的最大效益。语文教学要从学生的生活经验和知识基础出发，提供给学生充分的实践和交流的机会，使他们在自由探索的过程中真正理解和掌握知识。

在上《挑山工》一课时，说到挑山工走的是折尺形路线时，学生由于缺少体验，一时弄不明白"挑山工登一次山，走的路程大约比游人多一倍"这句话的意思。这时我便安排学生利用活动课，以小组为单位进行自主探究。学生参与的积极性很高，而且每个组员都出谋划策。各组的展现也各不相同，他们不仅利用台阶走"折尺形"，还特意从家中找来木棍挑上重重的书包，感受挑山工挑着重物的感觉。通过这样的探究、实践，学生获得了亲身的成功体验，情绪极其高涨，个个沉浸在喜悦之中。

五、探究性学习的效果

1.学生参与的课堂表现

一年来，通过我坚持不懈地进行探究式教学，我们班的学生在语文学习方面有了明显的改观。上课积极参与的人数由原来的不到10人，增加到现在的30人左右。在短短的一年时间，主动参与探究性学习的情况有了明显的改观。学生对学习充满兴趣，表现为：爱上课、爱发言、爱质疑释疑；师生亲密，教学参与度明显提高。

2.学生的语文成绩

几次语文单元检测显示，我们班的成绩明显提高，特别是在期末考试中，我们班阅读题的失分率由去年的50%下降至今年的29%。从以上情况分析可断定，我的此项探索是大有益处的，也是大有必要的，因此我决定，下一阶段就现有成果向班级进行推广，并在推广过程中不断完善、不断提高。

六、自身有待改进的方面

（1）在探究的过程中不仅要重视学生的动手能力，更要强调动脑。

（2）不同的学习阶段要对学生的探究水平提出不同的要求，不能停留在一个层面上。

（3）不但关注学生自主探究能力的形成，而且要做到对学生有积极、肯定的评价，以便更好地激发他们进行进一步探究。

总之，探究性学习是新《课标》提出的一种全新的教学、学习方式，是一种能让学生在学习中提高兴趣与学习效率，获得更多的审美情趣，使个性得以充分发展的方式。"看花容易绣花难。"一切还得从课文的实际出发，从孩子的实际出发。探究性学习的方式还有很多，我个人的认识还很肤浅，我愿在实践中不断探索、不断创新。

第二节 让阅读与写作比翼双飞

叶圣陶先生说："学生须能读书，须能作文，故特设语文课以训练之。"阅读与写作就如一对比翼鸟，如影随形。

1.对小学阶段阅读与写作教学的认识和理解

小学阅读教学是一个特殊的认识过程，它是以学生的阅读为基础的认知过程。首先，认知的主体是小学生，客体是阅读教材（课文）；其次，认知的任务是从课文中接受作者的知识、经验，学习作者的语言表达，从而获得新的认识，培养理解和表达能力；再次，认知的基础是阅读实践；最后，认知的条件离不开教师的指导。这些都是阅读认知区别于一般认知过程的特点。小学阅读教学的目的主要是培养学生的独立阅读能力。为达到这一目的，应培养学生的阅读兴趣，使学生掌握阅读方法，养成阅读习惯。同时，小学阅读教学还担负着提高学生思想、情感、品德水平，发展学生智力的任务。

写作能力，即书面表达能力，是一个人必须具备的能力，对今后的日常工作、学习都非常重要。新《课标》明确指出：写作是学生运用语言文字进行表达和交流的重要方式，是学生认识世界，认识自我，进行创造性表述的过程。作文是运用语言文字进行表达和交流的重要方式，是语文素养的综合体现。这些都足以说明写作在语文教学中的重要性。由此可见，使学生养成浓厚的学习兴趣，产生强烈的写作欲望，从"我要说"转变到"我要写"，有多么重要。

2.阅读教学与写作的关系

小学语文教学的主要任务是培养学生听、说、读、写的能力。听、说能力是读、写能力的基础，阅读是写好作文的基础。阅读是吸收过程，作文是表达过程；只有吸收得多，才能表达得好。大文豪苏轼曾说过："劳于读书，逸于作文。"杜甫也说："读书破万卷，下笔如有神。"这足以说明阅读和作文有着十分密切的联系。

首先，从外在形式看，它们使用的都是书面语言，二者都离不开纷繁的事物和对事物的认知。就一篇文章来说，写文章的人必须解决为什么写、写什么和怎么写的问题，才能把文章写好。读文章的人同样要解决作者写了什么、为什么写和怎样写的问题，才算是把文章读懂了。作文与阅读，即表达语言、思想、情感与理解语言、思想、情感，都要体现文道统一，这是二者一致之处。

其次，阅读和作文也有显著的区别。其一，它们各自有不同的目的。阅读是为了吸收，作文是为了表达。其二，阅读和作文的完成过程是反向的。作文是从内容到形式，而阅读则是从形式到内容。

我们常说读写结合，但是不能简单理解为将阅读教学和作文教学机械地、生硬地结合。研究读写结合，首先必须正确理解阅读和作文两个过程的关系；阅读和作文是对等的两回事，同时又是彼此相关联的两回事。"阅读是写作的基础"这一说法是正确的，但我们不能理解成它们之间的关系是主从关系、服务关系。它们之间的关系是对等的关系，是语文教学必须培养的听、说、读、写四项能力之中两项重要的能力。

3.借助阅读教学提高写作能力的策略

（1）积累——阅读是写作的基础

《课标》在阅读目标中十分强调语言和积累："没有积累，谈不上培养良好的语感，也绝不可能有真正的听、说、读、写能力，当然也学不好语文。"课上，我引导同学在自读自悟、边读边思、合作交流中积累喜欢的词语、句子和段落，为写作打下基础。课余，我鼓励孩子们坚持课外阅读，每天看一文，每周背一诗，积累名言警句、优美词句、精彩片段。每周进行交流，每月开展评比活动，激发孩子们阅读和积累的兴趣，为写作奠定基础。写作是厚积而薄发的创造性活动，积累的东西多了，写起来就得心应手。

例如，在教四年级《白鹅》这篇课文中，作者的目的是表现白鹅的性格特点——高傲。为突出喜爱之情，选取的材料是白鹅的姿态高傲，接着写白鹅突出的叫声、步态、吃相。为了吸引读者，作者运用了对比的方法。将鹅与鸭比，突出鹅的特点——高傲；将鹅与狗对比，突出表明鹅的与众不同。通篇采用拟人的修辞方法。如此归纳总结，加深了学生对课文的理解。

（2）模仿——阅读向写作的迁移

现在的课文浅显易懂，贴近学生生活，学生易于理解、易于模仿。学生在自读自悟中、在同伴的合作交流中、在老师的启发引导中，往往感悟较深、感触较多，容易找到不同的角度、发现不同的思路，进而结合自己的生活实际和经验体会来模仿写作，写起来也言之有物，有感有情。

语言需要借鉴、模仿和创新，当读到的句子令我们赞叹不已、感到美妙无比——自己只可意会的心思却被语言高手们描绘得惟妙惟肖、细致独到之时，我们怎能不唏嘘不已呢？

例如，学习了《桂林山水》一课，我就以校园的"鲜花、翠柏"为材料，引导学生用文章里的排比句式来练笔。学生在习作中写道：校园的花真多啊，多得像天上的繁星，数也数不清；校园的花真艳啊，艳得像画家的调色板，五彩缤纷；校园的花真香啊，香得连蜜蜂和蝴蝶都像醉了似的，停在花蕊上久久不肯离去。这样一描述仿佛让人步入天使乐园一般。

引导学生从写片段入手，抓住文章中的重点写作知识完成自己的小练笔。经过一个阶段的练习，学生再写文章就能将这些小片段扩展，成为较大的片段；将相关片段组合起来，稍加连缀和修饰，就可以成为一篇文章。

（3）想象——阅读为写作插上翅膀

想象力是创造力的先导。《课标》也明确提出小学生要"能写纪实作文和想象作文"。因此在阅读课文教学中，要尽量抓住教材中的优美词句和片断，引导学生进行想象。

课文教学时，我更注重启发孩子们充分发挥想象。如学习古诗《咏柳》时，我放VCD让学生观察春天的柳树，引导学生想象柳树像什么。学生说柳树像穿绿衣裳的小姑娘，长长的柳枝就像小姑娘的辫子，柳枝随风摇摆就像小姑娘在翩翩起舞，水中的倒影就像小姑娘在洗头……小学低年级的孩子想象力非常丰富，用这种方法教学，孩子们的学习激情非常高涨，孩子们在写作过程中自然也就能充分发挥想象。说话、写话训练时，我鼓励孩子们插上想象的翅膀，敢于想象，并学习从多个角度进行想象，培养学生的想象力和求异思维。对于作文中比喻恰当、想象丰富的句子，我会给予充分肯定，激发他们发挥想象，不拘形式地写出自己的想象。同时，我会有意识地引导孩子们写童话、写幻想作文，鼓励他们要敢于想象、敢于创新。发现有创新题材的作文我会在班里大力表扬，以激发他们勇于创新的意识。

（4）周记——阅读与作文的纽带

在作文教学中，只有培养和发展学生对作文的兴趣，才能使学生对作文由"厌写"变成"乐写"。当写作成为学生一种爱好的时候，他们会把写作当成一种"闲情逸致"，当成一份甜蜜的事业去做，乐此不疲。

从三年级上学期开始，我每周布置一篇练笔，并要求学生在班级里朗读。我会给他们打分，把学生们得"优"的周记打印保存推荐给校广播站，并向全班家长发表扬喜报。大多数学生经过一学期的引导督促，便能把有效阅读和模仿练笔紧密地联系起来了，并把写周记、读周记当成一种乐趣。《论语》有云，"知之者不如好之者，好之者不如乐之者"，一些学生俨然已经成为班上的小作家。

4.阅读与作文相结合的注意事项

阅读教学和作文教学相结合，要防止几种偏向：第一，只管阅读，忽视作文，读、写分家。第二，学生尚未读懂课文就引导其学写作，让阅读为作文服务。第三，学习、借鉴只着眼作文方法、技巧。方法是重要的，而对作文内容和写作目的学习、借鉴也是重要的。

阅读教学既要以读为基础，加强读的训练，又要有语言规律和方法的指导。

学生的阅读与写作，正如蜜蜂的采花与酿蜜。唐代诗人罗隐在咏物诗《蜂》中道出了其中真谛："不论平地与山尖，无限风光尽被占。采得百花成蜜后，为谁辛苦为谁甜？"一个善于学习的学生应具备蜂的博采和精心酿造的品性，方能酿出香甜美味之蜜；一个善于教育的教师应具备养蜂员的睿智，方能收获香甜美味之蜜。只有这样，才能真正让阅读和写作比翼双飞。

第四章 冬雪画青松 桃李话飞雪

第一节 学生眼中的我

大爱无边

斗转星移，日月如梭。转眼间，我已经小学毕业快一年了，每当回忆起我的小学班级——和平街第一中学小学部2012级（5）班、回忆起我的小学班主任孙老师，就有一股暖流涌上我的心头，滋润我的心田。

与孙老师的相识是奇妙的缘分，更是孙老师的爱心使然。2012年9月初，我兴高采烈地背着书包进入校园，想到从这天起我就是一名小学生了，将有新的世界在等待着我去开拓和发现，不禁激动万分。但是，到学校查询布告栏后，我发现所有班级的名单上都没有我的名字，我有些茫然无助。与我有同样情况的还有另外几名同学。这时，一位老师过来带着我们这些没有找到组织的"流浪儿"，走入一间间教室。每到一间教室，都会有一名或两名同学被留下来，剩下的则继续去往下一间。如此几次，到最后只剩下了我一个。我越来越感到惶恐——虽然当时年纪小，不知道发生了什么，但依稀知道他们都有了着落，只有我是个无人要的"流浪儿"了。就这样，忐忑不安的我跟随着老师走进了下一间教室，一位年轻的女老师打量了我一眼，然后指着一个空位置，说："坐下吧。"短短的三个字犹如天籁之音，让我感受到如春天般的温暖，我终于有了归属，终于可以心安。这位收留我的女老师就是孙老师。长大后我才知道，刚入小学时的我又瘦又小，而且紧张又局促，老师们担心我不能很快适应小学生活，所以没有选择我。而孙老师，没有被可能的困难吓住，反而是看出了我的不安，用她的爱心接纳了我，让我成为她的学生，成为了（5）班的一员。幸甚至哉！

在歌曲《爱的奉献》中有一句歌词："只要人人都献出一点爱，世界将变成美好的人间。"一个人有了爱心，才能使他的灵魂变得更加伟大。孙老师正是用爱心来对待学生，用爱心来管理班级。在我们班有一个比较特别的男生大帅，由于种种原因，他的父母无力照顾他，经常陪伴他的只有他年迈的姥姥。而且大帅不仅不爱学习，还经常调皮捣蛋，在我们班级中显得比较另类，格格不入。刚开始，很多同学都排斥他。孙老师告诉我们："我们（5）班是一个整体，要关爱班集体的每一个人，不能有歧视，要用爱去感化他。"孙老师不只是说说，而是用行动来做表率。她不仅对大帅一视同仁，还经常帮助大帅补习功课，帮助大帅改掉坏毛病。在孙老师的影响下，同学们都接纳了大帅，而大帅本人也有了很大的改变。整个班级的氛围更加温暖融洽了。我们接受了爱的滋养，同时也学会了去爱。就这样，我们沐浴在爱心中度过了整个小学生涯。我们班级获得了一个又一个的荣誉，我们每个人在获取知识的同时也得到灵魂的升华。幸甚至哉！

有人说，一个人的气质里藏着他读过的书和走过的路；我说，一个小学生或刚毕业的小学生的气质里藏着他的小学班主任的素养。小学是我们受教育最长的阶段，也是养成习惯和性格的起点，老师对学生的影响都是潜移默化的。做了六年（5）班班长的我，与孙老师的接触最多，可谓是近水楼台先得月，受孙老师的熏陶最多。这是我能够快速适应初中生活的原因，是我在初中班级家长会上被老师公开表扬习惯好的原因，也是大家申请加入学生会而我被征召的原因。

古往今来，有很多形容老师的语言和诗句，如"教师是人类灵魂的工程师""教师是园丁""春蚕到死丝方尽，蜡炬成灰泪始干""随风潜入夜，润物细无声"。诚然，这些描述用在孙老师身上一点也不为过。在我心里，孙老师更像是一个有魔法的工程师、有魔法的园丁、有魔法的春蚕、有魔法的春夜喜雨。她的魔法就是"爱心"。爱心是人间的春风，爱心是生命的源泉。孙老师用爱心编织着算法和指令，我们就像是一个个独立而又有联结的单元，在爱心程序的指导下运行，并然有序地、欣欣向荣地生长，开出甜美的幸福之花，结出丰硕的希望之果。

能够在孙老师的陪伴和教导下渡过整个六年的小学时光，是（5）班之幸，更是我之幸。幸甚至哉！

（2018届毕业生 郭逸戈）

一场难忘的拔河比赛

说起和孙老师朝夕相处的六年时光，有许多值得津津乐道的回忆。今天我就挑一件不起眼的小小拔河赛来重温一下我童年和孙老师的美好瞬间吧。

那是三年级的一个夏天，我们年级要举行拔河友谊赛。因为这是集体项目，所以全班同学都可以参加。当孙老师宣布这个消息时，我们个个都摩拳擦掌，兴奋得跳了起来。那时的孙老师时而披着一头乌黑亮丽的秀发，自然蓬松下垂着像清汤挂面；时而扎起马尾，显得干净利落清爽。看着意气风发的我们，孙老师微笑着给我们进行战前动员："同学们，拔河比赛是团体项目，所以这次比赛不仅考验个人力量，更考验集体的智慧，你们有没有信心赢得这场比赛呢？"同学们异口同声地回答："有！"孙老师接着说："从今天开始，我们大课间将有计划地进行针对性训练。只要大家努力了，无论结果如何，老师都能接受，老师都为你们骄傲。"体委张志硕立刻接话道："孙老师，如果我们赢了给我们什么奖励呢？"这个古灵精怪的家伙，可真能顺杆爬呀！孙老师微微一笑，嘴角向上扬起一个漂亮的弧度，仿佛知道我们心里的小九九似的，回答说："只要你们认真训练，比赛时把真实水平发挥出来，无论输赢，老师都请大家吃雪糕。好吗？"太好了！"呜拉""哇噻"，全班一片沸腾，还没比赛我们班就像拿了金牌一样乐开了花。看着我们这群可爱又调皮的小家伙，孙老师一拧眉毛，故作严肃状，大手一挥，大声说道："带队集合，到操场训练去！"于是一群熊孩子就在班头——孙老师的带领下集体奔向操场，开始紧张有序的训练了。微风中，孙老师飘扬的秀发在夏日余晖中隐隐闪着光，映衬着她带着笑意的脸颊，带给人灵动的温暖。大家围在孙老师身边，听她讲解拔河比赛的规则与技巧，笑着、闹着，开心极了。

激动人心的拔河比赛就要开始了！一声哨响，双方队员入场。现场气氛突然紧张起来，就连平时总喜欢叽叽喳喳的赵洋和王一川也闭紧了嘴巴。虽然大家平时都有训练，都知道孙老师交代过的要点，但实际到了比赛现场，却完全是两个样子。在我们还没明白什么情况的懵懂状态下，轻松被对手干掉了一局。全队士气一下降到了冰点。孙老师一看大家沮丧的表情，立刻拍了拍手，把上场的运动员聚拢到一块儿。大家弓着身子，围着孙老师，形成一个圆圈。孙老师轻声说："大家先深呼吸三次，静静心。然后默想拔河的要点，手心向上，身体后仰，听第一名同学的口号来使劲。一定要稳住了。记住，我们的队伍是经过训练的，我们的队形是精心设计的，只要按口号来发力，稳住、坚持不放弃，你们一定行的！"望着孙老师充满期待的眼睛，大家仿佛打了一针强心剂，纷纷从刚才的失利情绪中走出来。孙老师接着伸出一只手，喊口号的李子琛带头伸出手，其他所有队员也都伸出手来，大家把手叠放在一起，大喊："1，2，3，加油！"这短短几分钟的战前鼓动，效果十分明显。同学们铆足了劲，所有的人都听从孙老师指挥。王一川和李子琛分别站在最前排，由李子琛喊口令。王一川平时力气最大，我们私下叫他大牛，意思是力大如牛。队首站力气大的人容易取胜，所以让他站队首。队尾由体重吨位很大的张志硕和李君帅压阵。队形摆好了，只听裁判一声哨响，比赛开始！双方队员开始发力，只见大家都使出了吃奶的劲儿，拔河绳上的小红绸布一会儿向左边漂移，一会儿又像颤巍巍的耄耋老人向右移动，看来双方实力相当，真叫周围的观众捏了一把汗。我们自发组成的啦啦队这时开始发挥作用，章可欣带头喊起了我们专属的口号："（5）班（5）班，猛虎下山！"只见（5）班场上的队员们脸涨得通红，身体几乎与地面呈45°的夹角，胳膊上血脉偾张，眼睛死死盯着前方。我也在队伍之中，我当时头脑中只有一个念头，使劲、使劲、再使劲，稳住、稳住、一定要稳住！毛爷爷说，胜利往往就在再坚持一下的努力之后。这句话真不诳我！果然，在我们全队队员心往一处想，劲往一处使的努力中，我们顺利拿下两局，赢得了最后的胜利！

接下来是雪糕时间，孙老师向来信守承诺，全班同学齐享快乐时光。孙老师这个掏钱的"冤大头"脸上挂着满足的微笑，我们的脸上也挂着自信满满的笑容。有一瞬间，我觉得孙老师的笑和我们的笑好相似，似乎都甜到了心底里……

我现在已经上初一了，每每想起小学时的各种活动，仍觉得回味无穷。其实并不是活动本身有什么特别之处，而是活动过程中与这一群人碰撞出的火花，带给我的感觉让人回味。这次拔河比赛，我看到了孙老师带班的智慧，育人的风范，以及同学们齐心协力克服困难的精神风貌，我喜欢我可爱的同学们，我爱我的班主任孙老师！

（2018届毕业生　颜百合）

君子清芳　六年过往

孙老师是我小学六年的班主任，是语文老师，或者可以说，她更是我的启蒙老师。

孙老师常说："天行健，君子以自强不息；地势坤，君子以厚德载物。"刚毅坚卓，发奋图强，永不停息；厚实和顺，美德宽厚，容载万物，这是君子应有的品格。后来我才知道这话出自《周易》，清华大学也将其简化为"自强不息，厚德载物"作为校训。孙老师就是这样一个厚德之人，他用其高尚的品格和高度的责任心在潜移默化中温润着、影响着我们（5）班。

认识孙老师的时候是在2012年，我们刚入小学，正处于懵懂无知，少不更事的年龄。那时的我们一脸稚气，会因为一些很细碎的事情争辩不休，会因为不明事理而闯下祸事。但是孙老师从来不会生气，总是小心地从中进行调节，费尽心思让我们从相互看着碍眼到趋向和解。因此"团结向上，谦虚有礼"成了我们的班训。大家的集体荣誉感越来越强，（5）班逐渐成为优秀的班集体，这也是我们每个（5）班人的骄傲。到了五年级，我们开始有自己想法的时候，孙老师提出了"慎思笃行"，让我们能够坚定自己的志向，学会独立思考；能够通过自省和慎独完善自己，端正行为。到了该毕业的六年级，我们的班训改为

"和而不同，同而不一"。我们的相处因为每个人之间的磨合而融洽。每个人或多或少会有锋芒，但是在多元的班集体中，我们把孙老师的教诲付诸在真切的行动中，逐渐圆润而饱满。我们像真正的君子一样谦虚有礼，不急不躁，稳步成长。

孙老师是个有仁爱之心、有怜悯之心的老师。记得孙老师和我讲过一件事，就是孙老师在她家楼下看到一只受伤的流浪狗，孙老师把它抱上车，辗转多次终于把它安顿下来。从这一日常小事就可以看得出来她是多么善良和仁爱。

孙老师是个有耐心的老师，在我们班里就像一个火车头，一路"嘟，嘟，嘟"引领着我们向前走。孙老师讲课气氛活跃、脉络清晰，很有感染力。当然，孙老师有的时候也会督促我们。孙老师是个和蔼的人，但是也会适时地严厉；她会柔声安慰我们，也会厉声批评我们。孙老师为我们做好了表率，她细致，对待工作热忱，有责任心，有上进心，有恒心，有信心。

我们班的班花是君子兰，这是孙老师为我们选的，一直摆放在我们的班里。君子兰的花是橘红色的，小小的，含蓄而不张扬、不浮躁，静静地在墨绿的叶子中间开放。这一抹红色，平添了几分淡雅和温柔——"君子谦谦，温和有礼，有才而不骄，得志而不傲，居于谷而不卑"。它的叶子苍翠且泛着光泽，花朵向上形似燃起的火炬，颜色斑斓，气质上又不失优雅高洁、端庄大方。叶片直立似剑，象征着坚强刚毅、威武不屈的进取精神。这正是孙老师希望我们拥有的精神。浓浓淡淡、深深浅浅的颜色晕染了我们心中的每一个角落。君子兰的花正像是晨曦中初升的火红太阳，孙老师就是那太阳，我们则在她那温暖不刺目的明媚阳光下温暖着身子，一边渴求得到老师的照顾，一边贪婪地伸展着自己慵懒的四肢，正如新生出的君子兰叶一样。我们在孙老师的肯定和鞭策下，积蓄知识，积累经验。

想起那时孙老师会因天气酷热难耐给全班同学买冷饮，大家在树荫下一边吃，一边嬉笑打闹；我们开了"解忧杂货店"，答题解惑要以班币支付……孙老师和我们相处了六年，她待人亲切，关心我们，也为我们操了不少心，才使我们的班集体有了很高的凝聚力，使我们每个人都努力为（5）班争得荣誉。六年间，孙老师为我们付出了很多。"新竹高于旧竹枝，全凭老干为扶持。"在孙老师的循循善诱下，我们茁壮成长，我们在逶迤崎岖的山路上一路向前，相互扶持，力争攀上峥嵘的最顶端。转头看去，一路的鲜花朵朵，花香弥漫，凝结着孙老师赤忱的辛劳，那是她呕心沥血换来的硕果。我们一路成长，都有馥馥香气的花儿相伴，一串串，一团团，一簇簇，像翩翩起舞的花蝴蝶，在我们（5）班的大院子里飞舞，燃起我们心中高涨的热情火焰。那些花儿盛开着、飘散着、洒落着，典雅清丽，诠释远扬的清芬，摇曳着六年的幸福。

小学六年，我们班多次获得朝阳区优秀班集体称号，是整个和一小学部的榜样，可以说是荣誉加身，这也是在孙老师的严格带领下35名同学一步一个脚印成长的结果。我们学会了脚踏实地做事，默默接收称赞，荣誉始于勤恳，始于奋进，这也是孙老师教我们的。

孙老师在毕业的时候赠言给我们："聚是一团火，散则满天星。"不要受到羁绊，做一只羽翼渐丰的雏鹰，自在地在湛蓝的天空中高飞。

光阴荏苒，如白驹过隙，转眼我已成为一名初中生，现在我已经不能常去看望孙老师了。毕业的时候，我一直舍不得孙老师，有的时候还会去小学部看望她，心里一直惦念着孙老师。上了初中，我一开始还有点不适应，就和孙老师聊天，希望孙老师能给我解惑，孙老师也耐心地开导我："现在的积淀就是为未来换取自由。"她让我从月考的惨淡成绩中立刻恢复斗志，重拾往日自信。

曹文轩在《回忆我的语文老师》中说："喜欢文学和开始文学创作，中间隔着条很宽的壕沟；在这道壕沟的中间，架设桥梁的除去前辈作家之外，还有那些优秀的语文教师。"显然，孙老师就是那个优秀的语文教师，她为我的语文基础打下了坚实深厚的基础，对我的影响很是深远。孙老师发现我热衷读书、喜爱唐诗宋词，就慢慢引导我，让我逐步形成读好书的习惯，鼓励我迈过语文和文学之间看似很深、很远的堑。

孙老师总是温柔随和，我们也似乎没有所谓年龄上的代沟。有时候我会因对文学选段的理解有偏差而请教孙老师，孙老师会耐心跟我解释清楚。孙老师就是这样，教会了我很多，尤其是在启发我的形象思维上有独到之处，并会勉励我继续上进。记得有一次，孙老师让我们每个人按顺序介绍一本自己最喜欢的书，每个人讲完之后孙老师都会进行一番评论。轮到我上场的时候，我心中很是紧张，生怕自己出什么差错，惹人嘲笑。但是在讲完之后，我没有听到预想的批评，孙老师慢慢地说："你是个很有想法的孩子。"这句话现在我还记得很清楚，在我最需要肯定的时候，孙老师毫不吝啬地给了我全部。

孙老师过去一直很支持我写作文，现在也是。现在我有了公众号，孙老师一直默默关注我，是转发次数最多的人。她评价我"笔锋细腻，情绪的起落不赘修饰""她本璞玉，亦润我心"等。虽然她有时候太忙没空评论，但是我写的每一篇文章她都看过，我知道后很受触动，也深受鼓励，这也是支持我继续写下去的动力之一。

每每我回忆起这些片段的时候，总忍不住为我和孙老师一起走过的美好时光略施粉妆——这就是我和孙老师相处的故事——永远是鲜花，是绿草，是火红的太阳，是蔚蓝的天空，是青青的河畔，也是永远的（5）班。

（2018届毕业生　吴承瑶）

幸运与您相遇

"君子谦谦，温和有礼。"这是一种境界，有很多人都在说，但真正能达到的人却很少。而孙老师，用六年时光，向我们诠释了这句话的含义。在我心中，孙老师既有火的热情，又有水的柔情。

2012年9月1日，对于孙老师和我们每一个人来说，都是一次全新的体验——我们成为了一名小学生，我们是孙老师带的第一届弟子。记忆中一年级的样子已经十分模糊和零散了，唯有孙老师的一句"（5）班的孩子，要学好，玩好"，尤为令我记忆深刻。"学好"，孙老师用她那一丝不苟的认真态度将我们的玩心收回，让我们认真听讲。孙老师的神奇之处，还在于她可以让我们的思维迅速从火星回到地球。"玩好"，是（5）班人的习惯，要玩总是要痛痛快快地在操场上玩出一身汗。有了学好的前提，疯玩也不受限了，这里有着孙老师可爱可亲的一面。班训随着我们年纪的增长而有所变化，从"学好，玩好""团结向上，自强不息"到"和而不同，同而不一"，代表着孙老师管理班级的智慧和用心。

　　再温柔的人，也会有严厉的一面。在这六年中，我也"有幸"亲身领教过孙老师"火"的一面。

　　记得四年级的一天，孙老师轻快地走进教室告诉我们，学校请到了校外专家教大家调制鸡尾酒。同学们的欢呼声如潮水，我也十分兴奋。但万万没有想到，这原本充满期待、神秘有趣的活动却是一条冒着火星的导火索。实验开始了，我跟着专家老师的讲解，先用少量红色试剂，再用蓝色。我兴奋得手有些颤抖，护目镜后的眼睛满是渴望。或许是太兴奋了，我当时往后一退，踩到了同学的脚，匆忙地道了声歉，我又投入实验。殊不知，在场的班主任注意到了我草率的道歉态度。调制好自己的鸡尾酒后，我注意到邻座的同学正要把错误的试剂倒进杯子里。我什么也没想，赶紧过去推开他的胳膊，把他手里的试剂管夺下来，换了正确的液体倒进了杯子。我对自己的错误浑然不知，甚至还为帮助同学感到有些得意。下课回到班级后，孙老师训问我：做实验时推组员是怎么一回事？我很委屈，解释说只想帮助别人。老师严厉地告诉我要用正确的方式。当时的我又委屈，又生气，值得这样大动肝火吗？随后孙老师讲起她与自己的师父的故事。我坐在座位上脑子乱哄哄，什么也没听进去，嘟嘟囔囔的不满又恰巧被孙老师听见了。孙老师真生气了，说："我完全可以不管你。"现在再回想自己当时的行为也觉得幼稚可笑，自己不尊重同学，还不好好接受老师的教导。后来孙老师给了我一张小纸条，上面写着："孩子，我也在思考应该用哪种方式与你沟通。你思维敏捷，动手能力很强，但是同学还没来得及试错和体验，你便在别人不愿意的情况下夺过去代办了。我希望你做最好的自己，也让别人慢慢变得优秀。"长大一些，细细地读这些话感受更深刻了，我体会到了孙老师的良苦用心与真诚关爱。当时，那话就像一股清泉，流进了我的心里，滋润着我的心田。一个好汉三个帮，我们永远生活在集体中，心里想着自己，眼里更要看得到别人。

　　孙老师的"火"还体现在她对体育活动的热爱上。下午的一小时活动，她带领我们在操场上跑步、跳绳和打羽毛球。我好动，热爱体育，就更喜欢孙老师的课外活动时间。炎炎夏日，运动结束，孙老师会奖励我们吃雪糕。几十个小孩排排坐，吃雪糕的情景一直存在我脑海里，心里满是对老师甜蜜的记忆。

孙老师鼓励我参加体育活动。每次击剑比赛回北京都在后半夜，第二天上学孙老师总是允许我趴在桌子上休息一下；每次学校的长跑比赛我得了第一，她总是告诉我要坚持。"小豹子"的称呼不胫而走，我喜欢老师和同学给我起的"绰号"。孙老师在体育锻炼中的坚持、认真，影响着我，同样我在体育运动上也做到了坚持不懈，在学习和做事上也做到了持之以恒。而她给予我的鼓舞则使我自信前行。

"聚则一团火，散则满天星"，这是孙老师在六年级毕业典礼上给我们的寄语。她就像一团火，带领（5）班从一年级走到六年级。一路走来，到处是掌声，处处有荣誉。然而对于每一个同学来说，有低谷、有挫折，更多的是孙老师给予的关爱、关注和无私的教导。

孙老师又像水一样柔和，于无声处感染他人。班上有一个男同学，父母由于种种原因疏忽了对他的教育。他调皮、不服管、不太爱学习、作业马马虎虎，还总在班上影响大家。同学们都对他有看法。孙老师似乎早就在观察他，思考着怎么"对付"他。后来听同学说，孙老师不定期去他家做家访，还请孩子的姥姥来学校一起想办法管理他。在班上，孙老师一视同仁，从来没有因为他的不上进而忽视他。有时也会看到孙老师为他着急，同学们也曾私下觉得孙老师白费力气。可是，孙老师一点也不气馁，这招不行就换。有一天我们注意到那位男同学穿了新的球鞋来上学，后来得知是孙老师给她买的，还专门买的大半号。孙老师就是这样润物细无声。也许她的方法短时间无法奏效，但是我想，孙老师却为男同学以后的人生路送上了一抹亮色和温暖。有师如此，真诚平等地待人亦成为我的做人原则。

真正的教育是使人热爱生活，追逐内心。孙老师告诉我们，考试是对自己学习的检查，也是对自己心理的挑战，所以要得高分，但是不能止于追逐学业上的好成绩。多读书，在书中与优秀的人交流；多观察，有一双发现美的眼睛；多体验，在践行中获得成长的力量。我总是难忘那个初春忙碌的早晨，同学们和家长们挑水、搬土、栽苗、搭架，一派生机勃勃的景象。我和小伙伴上上下下地搬运泡沫箱，泥土抹上了脸，大家互相打趣，嬉笑着，劳动着。炎热暑期我们轮流浇水，看护自己的小菜园，看着小苗一天天长大，开花，结果。转眼到秋天，我们的菜园硕果累累。开学后同学们兴奋地交流，"我吃了小豆角，特新鲜""我还摘到了大茄子"……个个脸上溢满收获的喜悦。没有一句说教，就在种菜的时候，我们融洽了和父母的关系，并在心里播种了热爱生活的种子。一分耕耘，一分收获。凡此种种，是孙老师悄悄带给我们的希望。

上中学后，诗朗诵、演讲比赛、运动会、国学社我都积极参加。在我心里这些就像吃饭睡觉般自然。我如此自信，多半源自小学六年孙老师对我的鼓励和包容。忘不了环保演讲的情景，忘不了班花介绍的场景，忘不了在大礼堂你带领同学们学习长征精神的情景，忘不了你主持毕业典礼的情景，一幕幕的背后，凝聚了孙老师对我们默默地支持、鼓励和鞭策。

妈妈常常对我说，一个人在长大的过程中，在关键的时候有智者陪伴是幸运的。我想，我是幸运的。在我人生的启蒙阶段，有孙老师这样一位用力、用情、用心教育而又有爱心、耐心的智慧老师陪我一起度过，我是如此幸运。

（2018届毕业生　徐泽惠）

永不褪色的记忆

时间飞逝，转眼间，我已经七年级了，回首往日的生活，仿佛历历在目，却又那么模糊。

童年的生活总是很有趣的，记得自己三四岁时，随便找个小伙伴都能玩上一整天，大一点时，我可以跟小卖部的老板聊上天，与圆明园吹糖人儿的一问一答，不亦乐乎。记得跟老家刚认识的小孩儿一起爬树，我甚至听不懂他在说些什么，但两个人就是玩到了一起。是的，我就是这么自来熟，就是这么无忧无虑，无所顾忌。

但再次重温这段时光，好像忆不起什么细节来了，只记得当时的快乐和大概发生的事情。

是的，他们只是我人生中的过客，像圆明园的吹糖人，小卖部的老板，老家的朋友。多年以后，只留下对他们片刻的记忆。但有这么一位老师，她与我相伴走过六载，教我写字，教我做人，虽然她现在已经和我的世界渐行渐远，可我不会忘记她，至少，会让她在我记忆的尽头，停下来。

这位过客就是我的小学老师，孙雪静孙老师。孙老师很瘦，脸很小，个子也不是很高，仿佛一副弱不禁风的样子。她有着一头乌黑的头发，浓浓的眉毛，一双明亮的眼睛仿佛蕴藏着无穷的知识。她平时的穿着很朴素，但一到有什么大事，像我们的少先队仪式啊，讲座啊，她都会穿一件连衣裙，非常好看。

印象中的孙老师是有很多面的，平常的时候笑呵呵的，平易近人，有时也会生气，令人敬畏，但我从未见过孙老师悲伤的样子或被打败而沮丧的样子。

孙老师对我们说过许多话，其中我记得很清楚的就是"慎思""笃行"。当时孙老师将这四个大字写在黑板上，并为我们解释了它们的意思。"慎思"便是做事前要仔细地想想后果，不要莽撞冲动，就像古人说的要三思而后行。而"笃行"呢，就是要时刻监督自己的言行，即使没有被他人监督着，也要做到自觉。之后这四个字变成了书法作品贴在了墙上，每次看到，都只是觉得好看，可现在想来，这四个字真的是让我受益匪浅。

记得上小学时，我是个很内向的人，平时也不怎么会表现自己，但我自己知道，我爸妈也知道，我在朗诵方面确实还是不错的。我一直以为孙老师不知道，可一次朗诵比赛，孙老师让我去，我有一些惊讶，但还是去了，跟另外几个同学一起。虽然没有取胜，但我的表现确实也还不错。事后，我始终有些不解，但对孙老师独到的眼光又充满了崇拜。孙老师仅凭日常生活便能了解一个人，她的观察是如此细微，真是让人佩服。

孙老师绝对是个独特的老师。她会在烈日炎炎下的运动会后给全班每人买一根冰棍儿吃。冰在嘴里，暖在心里。即便是最普通的冰棍儿，也令人暑意全消。她会带领我们晨跑，她跑在前，我们在后跟着跑，谁累了就在旁边坐会儿，等休息好了，再接着跑。每次跑够十几二十圈，总会有种自豪感。

我们班的班花是一盆君子兰，它陪伴了我们六年。我们也见证了它一次又一次花开，花谢。但不论春夏秋冬，它都是那么美。孙老师说，它代表着我们班的精神——"登上山顶而不骄傲，落入谷底而不自卑"。这盆君子兰，见证了一个个学期的开始，见证了一个个学期的结束，也见证了我们一个个离开。我相信这盆君子兰还是很美，因为它与孙老师在一起；我爱这盆君子兰，同样因为，它与孙老师在一起。

（2018届毕业生　丁睿）

第二节　家长眼中的我

无声润物三春雨，有心护花二月风

　　孙雪静老师是我女儿颜百合小学的班主任老师。自女儿上小学以来，从一年级到六年级一直是孙老师带班。现在女儿上初一，在我们日常生活中，不时还会从女儿嘴里传出，这事儿如果是孙老师的话，她会怎样怎样处理的句子，可见孙老师对女儿影响之深。女儿用自己独特的方式回忆和想念她的老师，作为家长的我，和孙老师在育儿之路上也相处了六年时光，我想选择其中一两件印象深刻的事情，来表达我对孙老师的感谢。

　　与孙老师的第一次见面，是女儿刚上一年级的第一天的放学时间。作为一年级"小豆包"的家长，我和其他家长们一样，放学时间一到就早早在学校门口翘首企盼着放学的孩子。只见一年级的小学生鱼贯走出学校，(1)班,(2)班,(3)班……终于到（5）班了！除了自己的孩子，最吸引我眼球的就是孙老师了。都说孩子的老师是孩子人生的另一位母亲，我孩子的另一位母亲般的人物，又是怎样的人呢？只见一位身材匀称、长发披肩的年轻女孩走进了我的视野。她白白净净的，表情有些严肃，言语不多。简单整理队伍后，轻声说了句，"好，今天就到这里，解散！同学们再见！"我与孙老师的第一面就匆匆结束了。听其他妈妈讲，她是北京人，毕业不久就来这个学校工作，再多的信息也没有了。我心里直犯嘀咕，这么年轻的老师，没有带低幼班级的经验，行不行呀？这个疑团随着时光的流逝，渐渐在解开。

　　大约是二年级，组织春游，我有幸作为家长代表参加了全程的活动。我记得是去园博园参观。在学校派出的大巴车上，孙老师让身体不好、行动不便的同学坐前排，她自带了桔子和酸梅，让有晕车习惯的同学们在车上享用，以分散注意力，减轻胃部不适。到了目的地，我们分散活动，孙老师将全班同学分成若干小组。我们家长也参与其中，保证每组都有一位小组长和家长，便于联系与管理。让我印象很深的是午餐时间，当所有的孩子吃完自带的便当后，孙老师带头将垃圾放入自身携带的垃圾袋中，并且很快小组长及组员们都自发效仿，不仅把自己身边的垃圾清理干净，更是帮助身边的其他同学顺手解决。午餐结束后，班级所在区域干干净净，一尘不染。其中，我注意到一个细节，班上有个"希望生"叫李君帅，平时不修边幅，个人卫生极差，大家都不愿和他相处。当李君帅所在的小组都吃完饭后，李君帅见众人都在自己收拾垃圾，他也自觉地将垃圾扔到远处的垃圾桶中。我听见孙老师在小组成员面前表扬他说，大家看，李君帅今天没让人提醒，自己主动去扔垃圾，这说明你们的良好行为感染了他，你们的优秀也让身边的人优秀起来，我为你们感到自豪！这番话，深深震撼了我，老师在教学育人过程中，最主要的工作之一是发现生活中的真善美。通过扔垃圾这个动作，孙老师表扬了李君帅，不仅让他觉得自己也有美的地方，同时也激励了周围的同学，让大家一起向着真、善、美的方向前进。我想，年轻的老师固然可能经验不足，但只要有热情，有爱孩子的一颗心，任何问题都会迎刃而解的。

　　随着时光流逝，我和孙老师也更加熟络起来。平时大家观念一致的时候多，所以沟通也很顺畅。孙老师教育孩子的理念和行为，就像一面镜子，时时会让我看到我在教育孩子方面的不足，让我收获良多。我现在还记得，大约是四五年级，有一次期末考试，百合考得不理想。因为百合成绩一直优秀，文艺体育也全面发展，所以拿到成绩单时，我很是恼火。感觉孩子考试失利，我丢了面子，像低人一等一样。当时我声色俱厉地质问百合道：你怎么回事？怎么考成这样？真丢人！百合也针尖对麦芒地跟我顶撞起来，怎么了？不就是没达到你的期望吗？有本事，你自己考呀！正准备迎接青春期的女儿有些早熟，她说出的话也和我一样伤人。她眼睛里满是泪水，小脸也涨得红红的，满身都笼罩着一种不安、恐惧、沮丧的阴云。我们母女俩就在教室门口，在这过激的言行中互相伤害着。孙老师走过来，轻轻拉了一下我的衣角，她对百合和声细气地说：

"百合，你的成绩单仅代表这一次的考试，既不代表你的过去，也不代表你的未来，没有人能定义你的人生。希望你从明天开始，认真总结，努力做好自己，让别人开心，也让自己开心。"听了这番话，我也冷静下来，刚才的态度的确太家长式，完全没把孩子当大人看。接着，孙老师又对百合说："今天老师还像以前一样，需要你帮忙，请把同学们的试卷整理好，收齐了放我办公桌上。"百合仿佛找回了一点自信，擦干了眼泪帮老师干活去了。那天，我回到家后，忐忑不安地等待孩子回家，我想一定好好和百合谈谈，找找考试失利的原因，也向孩子认个错，自己不应该让情绪控制了理智。等到下午放学时，百合回来比平时晚，我才知道，放学后，孙老师单独给她买了好吃的，感谢她平时的帮忙，还请她看了一部动画片，叮嘱她放松心态，胜不骄，败不馁，认真做自己即可。女儿回家时，一派轻松，当我向她承认错误，说今天妈妈态度不好时，女儿主动回应道："我态度也不好。我这次的确没考好，下次我再努力赶上。"看着她轻松的表情，我知道懂事的女儿已经收拾好心情整装待发了。回顾整个事情始末，我有个感觉，孙老师对每个孩子都是相当用心的。孔子说，有教无类，意思是人无论高低贵贱，都有受教育的权力。孔子还说要因材施教，现在每个孩子都可以受教育，但并不是每个孩子都能接受到有针对性的教育。尽管学生家长和老师都知道因材施教是多么的重要，但知和行的统一，却是永远的难题。孙老师对百合的评价是极度敏感，极其优秀，但格局小，凡事斤斤计较。所以反思一下，可能是我自己的格局小，我自己敏感，所以才让百合也染上了这样的毛病。比如今天对于成绩单的反应，我过激的行为正是百合身上缺点的佐证。后来再和孙老师交流，她说："可能百合现在的性情有多变性，也可能我看得不太清楚，但我还是希望我们一起把她往大气上引导，既然是青春期的必经之路，我们可以先接纳，再慢慢引导。"这句话，我一直珍藏在自己手机中，每当我和孩子要有剧烈冲突时，我总是想起孙老师的话，"我们要先接纳，再慢慢引导"。眼前浮现着孙老师和风细雨般的微笑，我的心就会静下来，在育儿的道路上，没有一定之规，育儿就是自我修行的一部分，我要和孩子共同成长，我要且行且珍惜！

去年的九月一日，我儿子有幸又加入孙老师新带的一年级（1）班，我相信孙老师能带好我女儿，也一样能带好我儿子。有这样的好老师，我放心！再次感谢孙老师，是您春雨润物细无声的高风亮节培育了孩子。希望百合能继续沿着您提倡的"做事先做人，让自己开心，也让别人开心"的理念，成长为一个优秀和健全的人，希望百宽能继续沐浴孙老师的关爱更长一点时间，成长为一个有担当的好男儿！

（2018届　学生颜百合家长）

有幸遇见

在人的一生中，教师起着非常重要的作用，尤其是小学阶段，作为孩子的启蒙人和领航人，教师的言行举止都在潜移默化中影响着孩子。作为家长，都希望自己的孩子能遇到好老师，我也不例外。但，什么样的老师是好老师？我的心中并没有明确的标准。六年后的今天，我可以肯定地说：孙老师就是我希望孩子能遇到的好老师，而且他幸运地遇到了。

虽然已经过去了六年多，初见孙老师的情景依然历历在目。那是入学的第一天，放学时，我在学校门口等待着放学的孩子，心中忐忑不安：不知道"小豆包"是否能适应小学的生活；不知道面对"小豆包们"的调皮，老师是不是很不耐烦。终于看到我儿子了，他们班排着整齐的队伍，跟着一位二十岁出头的女老师走出了校门。老师面容清秀、皮肤细腻、身材纤细，表情从容不迫，眼神坚定温和。孩子们看见了自己的家长，却依然保持队伍不散、秩序不乱。到了指定的位置，队伍站定。老师说："同学们再见！"孩子们说："老师再见！"并向老师鞠躬敬礼。待队伍解散后，孩子们才纷纷欢欣雀跃地去找各自的家长。看到这里，我一颗悬着的心放进了肚里。短短一天的时间，就能够让调皮的小豆包们"服服帖帖"而自己仍然气定神闲，这是一位能力很强的老师。相信在她的教导下，孩子们会越来越好。这就是我对孙老师的初次印象。

随着时间的推移，与孙老师的联系和沟通越来越多，对她的了解也越来越多，我也就对她越发佩服。在孙老师娇小的身体里，蕴藏着巨大的能量。孙老师每天的工作量很大，她担任两个班的语文老师，在"重视语文"的教育方向下，孙老师的课时量比较大，备课、给孩子们讲课、批改作业，占据了她的很多时间。但她每天下班后，都会将孩子们的情况反馈给家长，及时和家长进行沟通。孩子取得好的成绩或有好的表现，她会开心地跟我分享，表示对孩子的肯定和鼓励；孩子有失误或表现不好的时候，她会严肃地与我进行沟通，提醒我督促孩子改进。作为新手家长，在孩子成长的道路上我也时常犯错，孙老师会委婉地提示我需要注意的地方。每次家长会，孙老师都会认真准备，除了介绍孩子们阶段性的在校情况外，还会分享一些教育理念和经验，以便家长和老师一起帮助孩子们进步和成长。在我眼中，孙老师认真负责、非常敬业，充满积极向上的正能量。

除了能力强、充满正能量之外，最重要的是孙老师非常富有爱心，全方位地关注着孩子。记得是二年级的时候，有一天放学回到家，儿子跟我说："妈妈，咱们家有治嗓子的药吗？孙老师的嗓子哑了，今天说话很费劲。"我故作惊诧地问："孙老师的嗓子哑了，你为什么要给她药呢？"他说："孙老师平常很爱我们，经常给我们买水喝，天热的时候还给我们买雪糕吃。而且，她嗓子哑是因为给我们上课说话太多才哑的。所以，我要给孙老师药，希望她的嗓子赶快好起来。"我非常欣慰，言传身教的影响力多么大啊！在儿子读三年级的时候，由于工作忙，我忽略了孩子的饮食情况，都没有发现孩子身体情况的异常。是孙老师提示我仔细看下孩子的体检报告，我才发现他的体重偏轻，有轻度营养不良。我立即加强对孩子的营养，孩子的体重和身高很快就发生了好的变化。孙老师跟我说："我们办公室的老师们都说小郭儿越来越帅了。"感谢孙老师的提醒，否则我都不知道孩子会瘦成什么样子。我跟儿子说："作为你的亲妈，我都没有你的班主任孙老师对你那么关心。"时至今日，每当想到这些，我的心中依然会充满感动。是孙老师无微不至的关爱，让孩子身心健康地成长；是孙老师无私的奉献，让孩子学会了爱；是孙老师在传播爱的行为，并用爱传递爱。

在孙老师的教导和影响下，孩子变得越来越自信，越来越阳光，越来越有爱心。他们的班级凝聚力极强，孩子们都积极向上、诚实善良、活泼开朗、团结互助、有强烈的集体荣誉感。在大家的共同努力下，（5）班获得了一个又一个荣誉，是学校迄今为止的榜样。作为家长，我亦有荣焉！

六年的时光匆匆而逝。在这六年中，孩子收获了丰富的知识和良好的习惯，以优异的成绩毕业进入初中；在这六年中，我收获了陪孩子一起成长的经验和孙老师的友情；而孙老师，在把她六年韶华献给了（5）班的孩子和家长后，则收获了眼角细细的皱纹。

这就是孙老师，她有满满正能量、富有爱心，她全心全意关爱学生、认真负责、爱岗敬业……她是我儿子的小学班主任，是我的朋友！我的孩子是幸运的，因为他遇到了孙老师，在孙老师的陪伴和教导下度过了整个小学时光；作为孩子的家长，我也是幸运的，有孙老师的关爱，省了我很多的后顾之忧。

（2018届　学生郭逸戈家长）

最美的遇见

有人说，老师是一种情怀，是一种热爱，是青涩年华里最美的引路人；有人说，老师是一种信仰，是一种坚持，是用粉笔书写明媚四季的工匠；还有人说，老师是一份责任，无论鲜花还是荆棘，无论平坦还是泥泞，都会永远带着爱在路上前行。我认为这些比喻，还原在孙老师身上再合适不过了。

2012年9月，我认识了女儿的小学班主任孙雪静老师。朝气蓬勃的外表，洒脱的性格，一看就是一个有爱有智慧的好老师。我的女儿是幸运的，因为老师在孩子心目中的分量非常重，老师不经意的赞许、鼓励，都会影响孩子的成长。更重要的是，今后孩子的身上会有她的影子。

2012年11月27日，参观孙老师的公开课是我第一次近距离接触孙老师。她的课堂气氛轻松，妙趣横生。她时而语调高昂，激情荡漾；时而语调轻缓，幽默简洁。她用美妙的声音感染着学生，把学生带到了知识的海洋。在课堂上，孙老师着重培养孩子的学习兴趣、创新精神，与学生产生情感的交流、心灵的沟通。她追求教学氛围的民主、平等、和谐、融洽，给孩子们很大的自主空间。孩子经常回来跟我说，上语文课是最快乐的事。孩子遇到喜爱的老师是孩子的幸福；看到快乐的孩子，看着孩子健康的成长是我们全家的幸福。

2014年5月1日，我们二年级的家长有幸参加学校组织的亲子春季运动会。

为了能够展现（5）班的整体风采和精神面貌，经家委会协商一致，我们订制了家长班服，充分展现了（5）班家长团结一致、家校合作的情怀。二年级的家长和孩子们相约而至，偌大的体育场，一下子热闹起来。在爸爸妈妈的鼓励声中，在同伴的加油声中，孩子们勇敢展示自我、挑战自我。孩子和家长们享受着运动带来的激情与快乐，现场洋溢着家庭的温馨与幸福。运动会后，孙老师拿来了一个神秘的双肩包。孩子们的小眼神都不由自主地飘到了讲台。我当时也很好奇是什么东西呢？此时，孙老师让孩子们顺序上台领取礼物。原来是她从家乡背来的苹果。朴实的孙老师用自己的行动诠释着她对这个班级的热爱和对孩子们健康的关怀。自此，孙老师将（5）班的班训定为"团结向上、谦虚有礼"。意为，君子谦谦，温和有礼；有才而不骄，得志而不傲，居于谷而不卑。可见孙老师对孩子们的期许。

2016年4月30日，孙老师组织班里学生和家长们一起帮忙建设学校菜园。这也是学校德育处给学生们提供的用来进行劳技实践锻炼的环境，以便让学生们走出课堂，参加劳动实践，培养从小勤奋学习、热爱劳动的习惯，促进学生的全面发展，引导学生们亲身体验"付出才有收获"的硬道理。孙老师一直坚持和孩子们一起参与劳动，包括后期观察、浇水、保洁等，并按时督促孩子们做好自己小组的工作。因为（5）班对菜园的无比关注，学校还为（5）班拍摄了"小种子长大了，你也长大了"的小视频给孩子们的成长留下美好的回忆。这和孙老师的领导和教育密不可分。

时间转瞬即逝，闪眼孩子就到了六年级。小学六年，孙老师领导的（5）班多次获得朝阳区优秀班集体和学校里的各种嘉奖，孙老师还获得了"紫禁杯"优秀班主任的称号。

小升初紧张的学习气氛挤压着孩子们和孙老师，孙老师都会竭尽全力帮孩子们渡过学习中的道道难关，并在紧张而枯燥的学习生活中营造轻松的氛围，让孩子们健康地成长。其实，孙老师也会执迷于诗和远方的田野，但更多的是使自己沉淀，脚踏实地。因为，这些天真烂漫的孩子早已成为她的森林。

毕业典礼上，孙老师哭了。和孩子们共处六载，她有更多的留恋和不舍。

我想说，她是一个会学习、懂生活、善合作的优秀教师，有着孩童的心灵，用满腔热情追求"适合每一个孩子"的教育情怀，用智慧与才情成就孩子的未来。

千言万语，润物无声，只有孩子的成长和进步才是她最大的幸福。爱心与童心相伴，智慧与责任并存；脸上带着微笑，心中充满阳光；内外兼修，智慧前行。班主任，世界上最小的官，管着长不大的一群；班主任，最棒的园丁，画出了孩子成长的年轮。

孙老师，您是最棒的！

（2018届　学生李昱涵家长）

家校手拉手，共育促成长

2012年的9月1日，我家的"小豆包"进入了和平街一中小学部一年级（5）班。初见班主任孙雪静老师，给我留下了说话条理清楚、干净利落，既温和又严肃的第一印象。随后的六年相处，了解逐步加深，孙老师是一位教学有方法，工作有思路，管班有智慧的年轻教师。

家庭是孩子的第一所学校，父母是孩子的第一任老师。作为家长，我们对孩子的要求、期望是多层次的，而家长有些要求、期望和学生的实际，和学校的教育思想很可能是不相符合的。所以家校联系十分必要，健康的家校关系有利于形成教育的合力，共同促进孩子的成长。作为一名新班主任，在接班一开始，孙老师就向家长传达了这样的思想。踊跃的我们，包括欣妈、煜妈、洋洋妈、百合妈、瑶瑶爸爸等在内，积极响应，随时听候孙老师的调遣。孙老师要求家长"让孩子们做自己力所能及的事情，自己的事情自己做，从收拾自己的书包，自己背小书包做起"。家长们尽可能地按照孙老师的指导尽快帮助孩子适应学校生活。在孙老师的凝聚力下，孩子们"学好，玩好"，茁壮成长。家长们也熟悉起来，统一了思想，为孩子们的成长创造了和谐的家校环境。"小豆包"们适应学校的一年级很快就结束了，孩子们开始有了自主的意识。

二年级的家校联系有了实质的进展。在孙老师的联络下，几位热心孩子教育、热心家校活动且有充足时间的妈妈形成了核心团队，关心（5）班每一位孩子的成长。从生活环境到课外活动，凡是能有用武之地，必然全心全意付出，为老师工作的顺利开展，更为孩子们的健康成长出谋划策。二年级有趣味运动会，学校邀请家长们参与。孙老师与家委会几位成员商量，想给孩子们一个难忘的亲子运动会，给家长们创造亲子机会，让孩子们看到爸爸妈妈的热情。随后的活动策划在家长们当中有条不紊地进行着。从组建家长方队开始，统一了服装、口号、标语牌、手势等。家长们热情参与，争取为孩子们做表率。运动会当天，当家长们亮相时，孩子们发出了惊叹的欢呼声，至今仍能记得他们小脸上惊喜自豪的表情。热火朝天的运动会结束了，家长们感叹活动真好，感谢学校，感谢孙老师又让自己当了一回学生。家校关系融洽了，家校的教育合力才能发挥最大的作用。教师与家长在孩子出现的问题上沟通融洽了，获得了最大的支持，这样的教育环境才是和谐的、健康的。孙老师的教育主张获得了家长的一致认可。在孙老师的感染下，家长们之间的交流也是真诚的、坦率的，一起互帮互助为孩子们的成长保驾护航。

三年级开始，孩子们的学习任务增加，也有了成长过程中的小问题。针对新的情况，孙老师在家长群里跟大家坦诚交流，给家长们做指导。学习成绩固然重要，但孩子们的心理成长更重要。比如，徐徐表现欲望强，喜欢表达交流，于是孙老师推荐她参加朗诵、演讲类的活动，既开阔了她的视野，也建立了她的自信心。孙老师关注每个孩子的闪光点，然后与家长交流，引导家长用欣赏的眼光看待孩子的成长。在（5）班孩子的身上，有着更多的自信、快乐、健康和融洽，尤其是孩子们的成绩也很优秀，这引来了许多羡慕的眼光。但孙老师也深知，没有批评，一味鼓励的教育是苍白的。在孩子犯错的时候，她用润物细无声的方式、用尊重孩子的方式进行"批评"引导。与家长沟通，孙老师有方法、有策略。她统一了教育思想，使教育达到最佳的效果。

转眼就到了四五年级，无论是班级，还是家长，在孙老师的带领下已经走上了正轨。孙老师的人格魅力使家长的心走得更近了。每年寒暑假开学前的板报、班级卫生都有家长主动带领孩子先做好，任劳任怨，从不计较，而这也引来了别班老师们的羡慕，既惊诧于孙老师与家长们的和谐关系，也佩服她的提前规划，让孩子们水到渠成地将无私奉献的精神内化于心。孙老师带给孩子们的正能量逐步在孩子们心里扎根生长，就连六年级毕业了的暑假，孩子们、家长们也很自然地帮孙老师做好了新教一年级的开学板报、班级布置和卫生。随着学校家委会的正式成立，家校联系更正规了；定期的联系会使得家校沟通也更畅通。

真正的教育能使人热爱生活、自省内心。孙老师带领孩子们读书、运动，让孩子们在书中与优秀的人交流，在运动中强健身体与气质，尤其是种植园，让家长们十分难忘。孙老师希望孩子们能感悟耕耘，体验收获的喜悦，热爱生活，热爱生命。于是，初春的一天，家长们带着孩子在校园的一角开始忙碌，挑水、搬土、栽苗、搭架，一派生机勃勃的景象。孩子们在家长的感染下，认认真真地劳动。炎热的暑期孩子们也不忘轮流浇水、看护自己的小菜园，看着小苗长大、开花、结果。转眼菜园硕果累累，家长们纷纷表示，孙老师真有主意！无痕教育就是最好的教育，这是给家长与孩子们上的最好的一课。相信很多年后家长也会记得孩子们流汗的小脸，孩子们心里也会存着与爸爸妈妈愉快劳动的印象。

"聚是一团火，散则满天星。"六年级的毕业生活也悄悄地过去了，孙老师对孩子们的寄语还在耳边。家长们互道珍重，珍藏着六年的相处时光。在（5）班长大的孩子们，大气、无私、真诚、上进、健康，各有所长。孙老师关注家庭教育对孩子们的影响，早早投身于家校关系的和谐发展，使家长的要求与学校的教育活动相契合，真正把家校拧成了一股绳。

（2018届　学生徐泽惠家长）

教师是孩子们迟来的父母

作为一个外公、父母都是老师的"70后"江苏人，记忆中，从童年就生活在学校的家属院里，身边小伙伴们都是来自教师家庭。所以，从小至今，我对教师的感觉一直就是亲近、熟稔，而少了些大家所谓的敬畏。

毕淑敏老师写过一本名为《妈妈是孩子最好的老师》的书，文如其名，不论大家是否拜读过此书，估计也能明白这本书的大致意思了，即妈妈的言传身教的确是孩子最早的启蒙教育。同样，我的母亲在我读小学阶段，有两年还做了我学业上的老师。父母几乎把百分之百的精力都放到了我的学习成绩上！所以，从那个时候走过来的我，记忆里几乎只有学习与考试成绩。

从为人子到为人父，从我做学生到现在，我的孩子也成了一名小学生。他的成长、发展、未来都从启蒙教育开始了。也就是在我自己的孩子进入小学阶段以后，我才充分感悟了另外一句话——教师是孩子迟来的父母！只因为我认识了从一年级一直陪伴我的孩子到小学毕业的班主任兼语文教师——孙雪静老师。

六年的时光，对于父母来说，仿佛就是一眨眼，但对于陪伴了孩子度过六个学年的一位教师来说，尤其是陪伴着几十个孩子，时时刻刻要引导他们学习与成长的班主任来说，远远没那么简单，我想其中的酸甜苦辣，只有教师自己才能体会到了。从我的孩子第一次入学一直到小学毕业，孙老师在我的印象里，始终是一个个头虽小但能量巨大的形象！六年时间里，不管是每一次的家长会还是约谈的每一位家长，孙老师似乎给所有家长一种非常严厉的感觉，甚至有一次听到学校保卫处的保安都在说孙老师很厉害的，有的事情说不行就是不行！听上去，孙老师好像有些不近人情。但是，恰恰相反的是孙老师的严厉却被我们所有的家长接受和喜欢。因为大家都明白，严厉的孙老师六年如一日细心严苛地爱护着班级里的每一个孩子！

前不久看到"德国巴菲特"——博多·舍费尔在书里写的一句话："我们的教育体制所做的一切，好像只是为了过去而教育孩子——而不是为了未来。"我们的孩子不应该成为单纯的数据载体。我们近年来也一直在诟病这样那样的问题，但是在小学这六年里，我发现教育改革一直在进步，新生代的年轻教师们的教学方式、教育手段也一直在创新，少了一些训练，多了一些培养。这些，在以孙老师为代表的年轻师资队伍中，尤为突出，传承伴随着发展，真正让家长感受到教育发展的与时俱进。

孙老师的教学成绩突出，教育成果无须我来多说。我时常会从孩子和其他家长那里得知班级获奖了，学生获奖了，孙老师获奖了……所以，一直为儿子有这么优秀的班主任而欣慰。但是在我的记忆里，却有两件很小的事情让我一直铭记着。一是在孩子五年级下学期的一天，孙老师给我发来了约谈信息，乍一收到信息的时候我颇为紧张，以为孩子出了什么问题。当天傍晚到了学校已经是下班时间，在校园教学楼侧，孙老师很严肃地跟我提出了一点要求——给孩子做好早餐，让孩子吃好、吃饱再出门！孙老师说，要让孩子无后顾之忧地学习。因为孙老师上周看到孩子有一天无精打采、面如土色，后来询问了孩子，说是没吃早餐。听到孙老师的话，当时的我无比羞愧，不停地点头称好的，同时心里的感激由衷而至。孩子能得到这样细心的爱护，作为家长，夫复何求？其实，在这之前，我一直是属于与老师主动沟通极少的家长，自己认为自己是不愿意过多地去麻烦老师，甚至都没有加过孙老师的微信，总觉得平时在家长群里配合老师的要求就好了。

第二件事发生在孩子已经升入初中的时候。初一上学期，孩子要去参加一个比赛，班里有个鼓励欢送仪式。当天下午我突然收到孙老师发来的微信，是儿子在仪式上的合影照片，孙老师在下面说了一句话："似乎胖了些！"当时的感动、感慨无以复加，孙老师还在关注着她带过的孩子们！人都是有感情的动物，旧时代的师长都算长辈，我儿时见过无数外公和父母的学生自外归来看望我的外公、我的父母，他们均学有所成。"桃李满天下"，我永远从心里敬佩外公与父母的伟大。新时代的孙老师，又让我找回了这种感觉。晚上与孩子说起孙老师给我发照片的事，孩子傻傻地笑了，从那笑容里，我看到了孩子对孙老师依然如故的喜爱！

我在中华文化促进会美育工作委员会工作，因工作原因要频繁接触国内外致力于提升儿童美育素养的专家和老师，觉得当下的孩子们真是幸福，全国都在贯彻执行习总书记提出的新时代的教育要求。孩子在校园里学到的不再只是书面知识，教师们都在用心温暖着孩子们纯真的心灵，科学地克制孩子们的玩心和惰性，教孩子们懂得信任与融洽，培养孩子们的审美观，教会孩子们去爱！在这一点上，孙老师的言传身教在孩子身上已经得到了验证。"追求的过程中，一定有比你所追求的更重要的东西！"所以，我深切地感受到，教师是孩子迟来的父母！

一个人是怎样的人往往不那么重要，重要的是他在什么位置、和谁在一起。

在这个美好的时代，在启迪着我们下一代成长的校园，孙老师的教育情怀注定了孙老师的不寻常——平凡而伟大。

（2018届 学生李子琛家长）

不一样的陪伴

我是孙雪静老师班级的学生家长。孩子步入学校快一年了，我深深被学校严谨的工作风格和教书育人的理念所感染。作为家长，我得到学校领导和老师的专业引导，同时孩子遇到班主任孙雪静老师作为人生的启蒙老师，是如此幸运！

孩子由于早产导致感统失调、发育迟缓，并伴随社交障碍。在招生时，学校主任了解到情况，特意安排孩子进入有教学经验、年富力强的孙老师的班级。孙老师在得知孩子情况后，及时与我和孩子爸爸进行了谈话，她从孩子的成长角度、心理健康角度乃至我们的教育理念方面进行了有效的引导。开学后，由于孩子的特殊性，孙老师热心帮助孩子与我融入班级，使我感受到她的爱、包容与接纳。我真切感受到她对孩子实实在在的关心与体贴。

孙老师在繁忙的日常中，经常抽时间主动与我分享教育孩子的方法及心得。她计划在这一两年内循序渐进地使孩子主动地、乐意地去观察并融入班集体。孙老师发自内心地爱孩子，每次与孩子对视时都会拥抱孩子，使原本很抵触身体接触的孩子，乐于张开双臂去感受。孩子以自己稚嫩的表达方式说出："我喜欢孙老师！"孙老师无时无刻不在鼓励孩子，给他上台发声的机会，锻炼他的表达能力与胆量。孩子在全新的小学生阶段，感受到了孙老师纯粹的爱！

孙老师真的是一位实实在在为学生着想的好老师。她为了找寻更专业的方法，在完成繁忙教学任务的同时加入了区里的教研员队伍，挤出时间去学习。她还将自己学到的好方法第一时间教于我，告诉我怎样做更有益于孩子的身心发展。她在日常教学中，结合本专业参考区里的教研员会议，制订了适合孩子的IEP计划，主要介绍IEP中的学生现状及需求、个别化教育中的长短期目标及评量，并与教研员们一起发表对孩子教育计划的补充意见并积极讨论。IEP计划在这一学年贯彻执行。作为家长，看见孙老师为了孩子的融合教育而努力，我发自内心地感动。

IEP会议中的目标与方法经过孙老师的努力，落实在孩子的学习生涯中。为了孩子的康复，孙老师在学校操场上加贴一片运动康复专用小脚丫贴纸区域。她把每次教研员会议中学到的新动作都与我分享，她课间亲力亲为地带着孩子做动作，她经常把自己喜爱的东西分享给我的孩子。孙老师发现我有时会焦虑，便经常耐心地疏导我紧张的情绪并给我讲述教育孩子的经验。孙老师承担两个班83名学生的教学任务，还同时是我孩子个别化教育的实施者，其工作量可想而知是多么大，她却毫无怨言，并将IEP的会议精神传达给2018届一年级（1）班各位科任老师。校本课老师、道德与法治老师、专题教育老师、科学老师、体育老师、美术老师、音乐老师等各位老师都给足了孩子关爱与包容，努力帮助我的孩子做好融合与行为管理。感人的瞬间与实例数不胜数，孩子在校园里的每一天都能让我感受到专业教育工作者的优秀素质与情怀。通过这学期的经历，孩子得以在集体中快乐地进步，孙老师真正做到了家校共同努力推动融和，堪称是做好融合教育的好老师。

孙老师对融合教育做得实实在在。本学年，她除了参加区里的培训，还邀请区里教研员多次来学校沟通孩子的情况，并多次陪同教研员一起评估孩子上课情况以研究孩子的个别化与结构化教育方法。对于孩子来说，有一件具有里程碑意义的事——孩子入选了第一批少先队员。孙老师平时主张班级学生互助关爱，这种爱是她传递给孩子们的，孩子们又将爱传递给了我的孩子。我的孩子因此深受鼓舞，变得乐意感知更多的未知世界。孙老师主张让孩子开阔眼界、让孩子的生活多姿多彩、让孩子沐浴在爱中。她的帮助对于我的家庭来说，真的是雪中送炭！

我有缘结识孙老师这位可爱的教育工作者，她的敬业与情怀让我感叹不已。无论是炎热的夏季还是三九隆冬，每次她都坚持陪伴孩子们做户外活动；每个课间她都随时在楼道里进行安全常识的提醒，苦口婆心地叮嘱孩子们喝水；她利用自己的课余休息时间组织孩子们进行体育活动锻炼身体；她牺牲自己的休息日来策划并布置班级文化氛围。关于爱与责任的事例数不胜数。

一直以来，我认识的所有家长都认为和一小的口碑是极好的，这正是因为有孙老师这样的好老师在咱学校的教师队伍中。她以自己的真心与爱心感染着孩子们。孩子们是花朵，老师是当之无愧的辛勤园丁。在孙老师的培养下，我仿佛看见孩子们正在盛放！

（2018级　学生浦仕全家长）

第三节　同事眼中的我

有道，有度

刚上班时，我就听说单位中有这样一位"传奇"人物。她的（5）班特别优秀，（5）班的孩子特别懂规矩，无论什么时候去（5）班都是干干净净的……当时，在我眼中她是个像"神"一样的人。上班第一年，我和她在机缘巧合之下成为了朋友，并且越走越近。走近她，我发现她不是"神"，而是一个有血有肉、有情有义的人。她时而刚强，时而柔软；面对朋友两肋插刀，面对突发事件及时应对。五年的相处，我认为她之所以优秀是因为有道，又有度。

一、与自己的关系

经过五年的相处，我自认为对孙老师还是足够了解的。人之所以成功或者失败最难的不是与外人、家人的相处，而是如何与自己相处。"上善若水、厚德载物"是我刚走进她班中看到的书法作品，我当时就想这位老师一定是一个心静如水的老师。她是对外物有自己的底线并且做出判断就不纠结的老师。在一年级的一线老师很难控制住自己，心浮气躁更是常态。但是她却心如止水，不骄不躁。当孩子出现问题时，她能够客观地评价是否是常态，我相信她一定是正视自己，正视他人才会有如此的心性。

二、与同伴的关系

在与同伴相处中，她是一个有情有义的人，同时也是个有度的人。让我记忆犹新的一件事是，在我上班的第一年，我还是个"菜鸟"，第二天学校要听我的推门课。说实话，我怕极了，怕自己上不好，对备课更是没有任何头绪。那时，我和她还不熟，她看到这样的我，就说："我来帮你顺一顺好吗？上课不用那么紧张，只要心中有数就好了。"我当时感觉她的眼中像蹦出爱心似的。对于一个不熟的同事，愿意用自己的下班时间伸出友谊的双手，我不胜感激。还有一件事让我更深入地认识她。那一次我需要上公开课，在上完课的教研时间，要求上课老师总结一下自己的教学理念以及教学过程。对于上班第二天的我来说简直是一头雾水，是几乎不可能完成的任务，别的上课老师无论是他们的师父还是组长都帮他们梳理，而我师父不在，组长也不在，真正的孤立无援。我顿时如热锅上的蚂蚁，不知如何是好。这时，她一个上前说道："小瑜，咱们一起梳理。"幸福来得太突然，我连连点头。从那时起，我便认定，她是我的朋友。朋友不需要太多，有一两个这样的朋友就是职场上的幸运，有这样的朋友你便不再孤单。她就是一个有情有义的朋友，在你需要时能及时伸出双手的朋友。

三、与学生的关系

她的班级之所以优秀与她的用心有很大的关系。在一二年级时，她几乎总是和学生们在一起。担任过一年级的班主任一定知道其中的苦。一年级的孩子还处于不懂规矩时期，下课不是跑就是闹，而她总能与学生在一起，因此我就要为她竖起大拇指。记得原来的（5）班有这样一个孩子，我们都叫他"大帅"，他的妈妈精神有问题，他的爸爸教育水平有限，对他十分暴力，平时由他的姥姥管他。他的衣服永远是脏脏的，鞋子很大而且特别臭。在这样的家庭，再好的孩子也很难优秀，而他还不是一个聪明的孩子，特别淘气，在学校里都出名了。有一次，我和孙老师逛街，她竟然给大帅买鞋，当时我特别不理解甚至是震惊！她说："其实，大帅特别可怜，妈妈不能照顾他，父亲教育他的方式又是那样，我能为他做的就这些，我希望他好。"每次考试，大帅的数学和英语成绩都惨不忍睹，可是语文竟然能及格。大帅见到任何老师都是"不可一世"的样子，但见了孙老师立刻变乖顺了，我相信这里面有严有爱，大帅也感觉到了。

四、与家长的关系

之前，和孙老师不在一个年级组，今年和她在一个年级组，我发现她之所以能如此优秀，除了她是个有原则、有思想的人，最重要的是她的人际交往能力超强。这里不是说她多么能说会道，而是她做人特别真实，与人交往真诚。做好一个班主任不仅是要教好课，与学生友好相处，更多的是和家长相处。在短短一年里，她利用周六时间和家长开家长会，利用周末和学生家长一起去奥林匹克森林公园跑步，她和家长们相处非常愉快，她们除了聊学生的课业，还聊生活上和工作上的事情。一个班集体好不好，首先要看家长是否配合。如果家长和孩子信任老师、爱老师，所有的问题都会迎刃而解。正所谓"亲其师，信其道"，只有相互信任，这个班集体才会越来越优秀。

这就是我眼中的孙老师，一位有原则、有情义、有爱的老师。

（北京市和平街第一中学　王瑜老师）

我心中最美的同事

莎士比亚曾说：人不是因为美丽而可爱，而是因为可爱而美丽。细细品来，的确如此。在我的心目中有一位最美同事，她就是我们学校的骨干教师——孙雪静。她在平凡的工作岗位上，积极进取、乐观向上、脚踏实地，取得了不平凡的成绩。

作为一名教师，她不断地刻苦钻研业务，认真研究教材教法，注重多方位培养学生的能力和学习习惯。她对学生因材施教，灵活创造性地使用教材，并结合学生已有的知识水平选择恰当有效的教学方法与手段，从不打"无准备之仗"。上课时面向全体学生，鼓励学生积极思考、大胆发言；课后对学生进行辅导、补缺补差，全面提高每个学生的学习成绩。

我很有幸在最初工作的两年和孙老师同组，在她身上我学到了很多，那时我们一起成长，一起进步。印象最深的是一次徒弟汇报课。在备课过程中，孙老师在师父的指导下认真准备。大到教学设计的整个流程，小到一字一句，从教学重点和难点的确定与突破，到课件中某个动画的出示与播放，她都一一做了反复的斟酌和推敲。试讲的时候，针对出现的问题，孙老师虚心向有经验的老师请教，及时调整修改。课后她积极总结，进行反思。这种刻苦钻研、积极进取的精神，深深地感染着我。正是具备了这样可贵的品质，孙老师才能在自己的工作岗位上取得优异的成绩。

孙老师对学生严而有度，与学生真诚相处，用爱沟通。在学生眼里，她既是一位教学经验丰富的教师、令人尊敬的长者，又是一位值得信赖的挚友。课堂上，她鼓励学生大胆质疑，平等讨论，课堂气氛活跃，真正落实了学生的主体地位。课下她和学生谈天说地，关心学生的成长，和学生成为无话不谈的好朋友。

孙老师之前所教的（5）班，现在已经毕业快一年了。那是一个非常优秀的班集体，孩子们在学习、纪律、活动等各方面的表现都名列前茅。也许你不禁会问，这样优秀的班集体，是不是因为孙老师的运气很好，遇到的孩子们都很优秀？其实我想说，"金无足赤，人无完人"，一个班的组成也是这样。

在（5）班有这样一个男孩子，他的家庭情况比较特殊，妈妈身体有一些问题，爸爸学历低，父母对孩子疏于管教，平时更多的时间是姥姥在照顾孩子，孩子的学习习惯和行为习惯都很差。孙老师没有区别对待这个孩子，而是一视同仁，用课余时间帮助他补习功课，给予他无私的关爱。

我想，正是爱，才让孙老师的人生那么丰富。她热爱学生，热爱生活，更热爱教育。正是因为老师自身有这样的优秀人格魅力才能培养出一群优秀的学生，才成就了这样一个优秀的班集体。孙老师每天在普通而又平凡的工作中坚守，坚守着她自己都未曾觉察的、属于自己的那一份美丽。这就是我心中最美的同事——孙雪静。能和这样一位好老师一起工作、学习，我感到很骄傲。

在今后的教育教学工作中，我们都要向孙老师那样，在自己的工作岗位上坚守属于自己的那份美丽，让我们的校园成为美丽的一百分的沃土。让我们互帮互助，形成有朝气、有凝聚力的教师团队，让我们一起为和一小美好的明天再创辉煌！

（北京市和平街第一中学　胡冬冬老师）

近朱者赤

今年是我和孙雪静老师认识的第七年，也是我们一起共事的第七年。我很幸运遇到这么一个好同事，在工作过程中共同学习、共同进步。

初次相识，我们都是接手新的一年级，平时没课的时候会在办公室讨论一些班级特别学生的事。孙老师很快便发现了班上一个学生比较特别。这个孩子平时总是穿着不合身的衣服和鞋子，孙老师了解了他的家庭情况后，下班后带着孩子去买了合身的衣服和鞋子。这件事给我留下极深的印象，也让我从中有所收获。作为一名老师，一定要心中有爱，才能体察到孩子的心，才能够做好这份良心活儿。

今年孙老师新接手的一年级班上有一个叫张某的学生，情绪把控能力较差，遇到一点小挫折，比如自己举手回答问题，但老师没有叫他就会崩溃失控。每次孙老师都是耐心地安抚这个孩子，让他从积极的视角看问题。现在这个孩子已经能够比较坦然地接受一些小挫折。

心中有爱的教师不仅能够关注到特别的孩子，更会用自己的言传身教感染着班集体中的每一个孩子，孙老师就是这样一位细心又有爱的教师。作为语文教师，她有一套自己的教学方法。"随风潜入夜，润物细无声。"用这句话来描述孙老师的教学风格再合适不过了。她所教的班级语文成绩一直名列前茅，我想这一定是孙老师课堂教学效率极高，学生能够完全按照她的方法进行学习、复习，才会有这样好的成绩。作为班主任，她关注班集体中的每个孩子，对一些特别的学生给予适合他们发展的关爱。

孙老师做事非常认真，而且追求精益求精。记得那个流火的盛夏，新生入学培训的第一天，我早早到了学校做准备。我先到自己班的教室，发现干净又整洁。为了减轻教师们的负担，学校已经请保洁员打扫过教室卫生。我顺着楼道回办公室准备这一天需要的物品，经过（5）班教室的时候，透过教室门的玻璃，发现孙老师正在弯着腰扫地，真是个追求卓越的人，这也是孙老师留给我的第一印象。尽管教室已经干净整洁，但是她仍不放过边边角角，努力为孩子们提供一个无可挑剔的整洁环境。

随着接触的时间越来越久，我发现孙老师还是一位有着高雅生活情趣的人。在二年级时我的办公桌有幸和她的办公桌挨在一起。她的办公桌永远干净整齐，还会有小盆绿植点缀桌面。她的这些好的生活习惯，也影响着我。现在我也会把办公桌收拾得整整齐齐，也会加些小装饰来点缀桌面，也点缀心情。孙老师爱整洁的好习惯也带动了整个办公室，让办公室也生机盎然起来。尽管我们的日常教学和班级管理工作繁忙琐碎，但是每次回到办公室，都会让人眼前一亮，疲惫全无。

教育意味着一棵树摇动另一棵树，一朵云推动另一朵云，一个灵魂唤醒另一个灵魂。有孙老师这样一位好老师，不但她教过的学生受益，作为同事的我也受益匪浅。她的人格魅力影响着她的学生，指引着她的学生迈向人生的高峰，同时也影响着我，指引着我更关注工作的细节，让我也成为一个更加积极向上的老师。

（北京市和平街第一中学　付珺老师）

第四节　领导眼中的我

教育是爱的播撒　教育是智的启迪

一、无为而治求有序

进过孙雪静老师班级的老师，都有同样的感受：她对班级的管理看似"放养"，实则井然有序。班级站队快静齐，并不需要老师特别叮嘱。她对班级管理看似"无为而治"，实则培养有方。在班级良好习惯养成中，她并不喜欢让自己时时"驻扎"在班内，她要求学生"我在，如是；我不在，更如是"。"轻轻躲开"不是教师的小偷懒，而是有智慧的巧放手。榜样已经树立，教师做了示范；

规则已经确立，是师生共同的班级约定。孙老师的班级管理智慧就在于使学生在一项项具体事件中，反复践行规则，在践行中养成习惯、培养能力，并获得成长的愉悦和自我效能感。通过各种具体活动，班级凝聚力越来越强，班级氛围越来越正，学生也越发自信、自律和自主。

二、包容信任促成长

孙老师班上的学生自信，这点我是特别有感触的。她班上有一个特别的学生，刚入学时，总是低着头偷偷地抬眼窥视别人，不爱参与班级活动，也不敢在公开场合发声来表达自己。后来在一次科学公开课上，我惊喜万分地看到了他的变化。在小组活动中，他积极参与，专注地观察实验现象并不时地与同伴交流着；当老师提问时（科学李老师提出了一个有点难度的问题，班上部分学生还在思考时），他高高地举起小手，急切地想要分享他的想法。他的声音洪亮，眼神坚定，言谈举止无不流露出自信，其他同学认真聆听，即便他回答得不完全正确，也给予他赞许与鼓励。

后来我在与孙老师的交谈中详细了解到，班级对这个"问题学生"的认同也不是自然而然一帆风顺的，也经过了一段磨合期。是孩子就会淘气，起初确实有学生取笑他，他也不自信。但孙老师敏锐察觉后立即干预，一方面，了解问题学生的具体情况，家访、谈心，发现孩子家庭条件困难，就多次用自己的工资给孩子买衣物与文具，给孩子送去温暖；另一方面，开展主题班会课，进行心理教育，引导学生博爱、友好、包容，善待身边每一个人，不分层次，不分贵贱。学生是树苗，引导正确，行为便正确。另外，孙老师努力给这个孩子创造适合他的表现机会，让他有成功的体验，让他有愉悦的成长感受。在这样多角度、多层面的努力下，结合孙老师的因材施教，班上的学生都很自信和阳光。

三、坚定从容显公德

孙老师在教育教学上一直初心不改，她满心满眼皆是孩子的发展。课堂上，她关注每一个孩子，高效利用时间，让孩子在语文课上完成语文任务。她说她不想去占用孩子的休息时间。其实，她是在考量一个孩子的综合发展，既要学好语文，也要学好音乐等学科，从而全面发展。当荣誉到来的时候，她总是说同事们都是这么干的，她只是运气好，碰上了而已。可以说，她从不着眼自己的荣誉，也不着眼孩子的成绩。她喜欢循着孩子们的思考去思考，让孩子成为孩子，在真实的体悟中引导孩子成长。然而，她虽不强求，个人却是荣誉加身，她们班的语文成绩也一直遥遥领先。长久以来，她在我眼中一直是一位常存公德之心的教师。

四、团结同事共发展

孙老师在同事关系中滋养着自己。她在从教的路上热爱她的两位师父，工作上她们是指导和被指导的关系，生活中她们则是要好的朋友。和她搭班的副班主任都成为她生活中的朋友。在她们看来，喜爱孙老师不是因为她教学、带班能力强，而是因为她坦诚而温暖。孙老师兼任一年级语文教研组长，她带着青年教师在教育教学上稳步成长。她对徒弟更是耐心指导，短短一年时间，徒弟已经站稳课堂，带稳班集。

每一位年轻教师，就如同刚入校的孩子，都是一颗成长的树苗，需要浇灌，需要呵护。看着孙老师从小树苗到初长成，现在越来越挺拔，由衷地为她高兴。今后的路，愿孙老师砥砺前行，不忘初心，做学生满意、家长满意的好老师，做其他教师的好标杆、好榜样！

（北京市和平街第一中学　殷桂萍副校长）

让每一个鲜活的生命都完整绽放

孙雪静是我校一名语文教师，同时担任了7年的班主任工作。与所有老师一样，她每天都忙碌于上课、备课、处理班务、批改作业。但是工作的繁忙和琐碎，丝毫没影响她对教育事业的热爱和追求，她热衷于对业务的钻研、对学生心理特点的探究，用千百倍的耕耘扶植千树茂，用满怀的慈爱灌注万花稠。

一、勤勉的她

孙雪静老师始终把学习当作头等大事，采用"立体型"学习法，注重学习长度、宽度、高度。"长"，她每天挤出一定时间读书，遇到一本好书、一篇好文章，更要花时间反复读、仔细品，做到锲而不舍、持之以恒。"宽"，她涉猎教学理论、经典文学、儿童心理、工作艺术等方面，努力使自己真正成为行家里手。"高"，她力求把读书与运用相结合，联系实际，知行合一，通过理论的指导和知识的积累，提升自身素养，为自己的教育事业做好基奠。

二、专注的她

孙雪静老师每一节课的教学设计都精益求精，课前认真阅读教材、教参，进行有效的学情分析；课上活动设计注重学生参与的态度、广度、深度，敏锐捕捉学生的反应，及时调整教学策略；课后根据课堂的实施效果与学生的反馈，反思课堂上的得与失并撰写教学小记。她一直勇敢地奋斗在教学、科研的第一线。在她的心灵深处，有一种对语文教学的专一、坚守和虔诚。她对小学语文有满腔热情，并不断演绎着精彩的语文人生。其精神可嘉，其品质弥足珍贵。

三、艺术的她

1.放手

孙老师的课堂永远是学生的课堂，她给学生充足的学习时间、空间。在师友合作中、在经验分享中、在实践创编中、在演绎经典中，孩子们大胆想象、思维发散……孩子们在课堂上尽情徜徉，收获的不仅是知识，还有对语文学科的热爱、对知识学习的渴望。

2.培养

孙老师的课堂永远注重语文工具性与实际获得的统一，注重培养学生的语文综合素养。在知识的学习过程中，她精心传授与之相关的学习方法，达到授之以渔的目的。例如，在低段识字教学中她根据汉字特点和规律，运用"比较法""归类识字法""生活识字法"教学，并适时介绍汉字的起源、组成汉字部件的含义等知识促进学生的学习。在中段阅读教学中，梳理了整体感知的训练策略与方法。她会根据不同的段式教给学生"摘句归纳法""层意归并法""取主舍次法""标题提炼法"，并教给学生归纳主要内容的方法，如"段意综合法""重点归纳法""问题扩展法""概括要素法""摘句归纳法"等，让学生通过一次次的阅读，习得方法、形成能力。

3.激发

孙老师的课堂在与学生共同学习的过程中，总会悄无声息地燃起学生对知识的渴求、对学习的热爱，激发学生主动参与到学习过程中来并全神贯注地投入学习活动，提高学习效果。例如，在高段作文教学中，她巧用签"展"效应，牵动孩子们的心，让他们渐渐爱上写作。学生习作中有构思独特、选材丰富、拟题新颖、描写细致、条理清楚、表达真诚的内容，她会及时表扬……总之，她会寻找各种可以分享的"妙"。一句话写得真的，一个词用得美的，哪怕一个字添得巧的作文，她都批上"展"。在签"展"、念"展"活动中，孩子们不知不觉从乐于表达，迈向善于写作。

四、睿智的她

孙雪静老师引领着教研组在研究的路上不断研究、实践、梳理、总结，促进教研组内每一位教师执教能力提高，使大家齐头并进，一个也不掉队。例如，为有效提高课堂教学效率，帮助学生养成良好的学习习惯，培养学生自学能力，她带领组员共同梳理了一年级"课文预习六步法"，让学生在一个个方法的指导下，在按要求落实知识的学习过程中养成良好的学习习惯。

为更好地使用好部编版新教材，掌握学生对每一个单元知识的学习情况，她带领教师从字、词、句、段等方面进行单元知识点的梳理，形成《一年级语文单元练习册》。

勤勉、专注、睿智，不但成就了孙老师，更是放飞了学生的思维。她帮学生养成良好的习惯，培养了学生的能力，提升了学生的语文素养，让每一个鲜活的生命都能完整绽放。

（北京市和平街第一中学　陈立红校助　郎俊珠主任　马靖主任）

用爱唤醒孩子心中的种子

在诸多事物中，有两种事物的力量是不可低估的：一是种子；二是孩子。

一颗微不足道的种子，经过生长衍化，可以绵延万代，生生不息；一个嗷嗷待哺的孩子，经过悉心呵护，可以成就一番事业，带来一片生机。

在孙老师的引领下，班集体已经成为塑造学生灵魂的栖息地。曾经的（5）班，以君子兰的"君子谦谦，温和有礼，有才得志而不骄，居于谷底而不自卑"而自居，孩子们在养护班花的过程中形成了强烈的班级凝聚力，并在花期有了效能感。他们将班花的成长过程记录成册，给彼此留下了美好的回忆；现在的（1）班（2018届），用孩子和家长亲手种植的300株百合花来涵养心性。孩子们在这个过程中，乐于参与，得到了老师和家长的情感支持和正面肯定，他们慢慢提高了自己的效能感，并为后期唤醒自我组织能力打下了坚实的基础。

在谈论孩子教育问题的时候，更多家长和老师的关注点是知识的学习、成绩的高低、班里的位置，往往忽视孩子成长过程中不断被消磨的灵性。而在孙老师的班级里，孩子这些与生俱来的灵性却被呵护、陪伴和尊重。

作为一名班主任，她用无微不至的关爱，感化学生的心灵，拉近师生之间的距离，得到学生的信任；她以细腻期盼的目光，关注每一个学生，启迪学生的智慧，接纳学生的不足。她尽情地把自己的爱播撒在教室的每一个角落，在她的眼里，每一个孩子都是栋梁之材，每一块"顽石"都能雕琢成一块玲珑剔透的美玉，每个孩子身上都有闪光点，都值得去欣赏。她以学生的快乐为自己的快乐，以学生的痛苦为自己的痛苦。每当学生在学习或生活中遇到困难时，她总是伸出援助之手，用自己的真诚去打动他们，带领学生们走出人生的一片片荒漠，让他们重新得到快乐，在阳光下健康成长。

她相信每一位学生都有自己的创造强项，因而允许有差异并耐心地指导。她相信每个学生都有自己的长处和闪光点，善于发现学生的长项，抓住每一个教育良机。她体贴后进生，培养他们的自信心、自尊心、自强心，让后进生不掉队。她走进他们的心田，聆听他们的心声，抚慰受伤的心灵，疏导郁闭的心渠，真诚地表达对他们的尊重和关爱。一个鼓励的微笑，一记肩背上善意的轻拍，一次心与心的谈话，她都毫不吝啬地面向每一个学生，让他们都有做人的需要和前进的动力。

上课时，她是孩子们的好老师。她总是带着孩子们遨游在书的海洋里，而因为有她的带领，孩子们也不会迷失方向。下课时，她总是像朋友一样关心着孩子们，对他们嘘寒问暖。当然孩子们也会把她当成倾诉对象，开心的时候会跟她分享，伤心的时候会找她分担。

语文课上，她和学生们平等对话，在一问一答的互动中，认真分析着孩子们的思维路径；班会课上，她和孩子们一起分析班级问题，肯定优点，也直抒问题，师生之间坦诚而开放。

在楼顶的种植实践活动中，她用三年的时间带领孩子们体验春种秋收，感受春华秋实；在班花的培植过程中，她巧借家长的力量带领学生展开《百合花》绘本制作……

有人说："教育就是一棵树摇动另一棵树，一朵云推动另一朵云，一个灵魂唤醒另一个灵魂。"

马克思也说："教育绝非单纯的文化传递，教育之为教育，正在于它是一种人格与心灵的唤醒。"

孙雪静老师就是这样在用充满爱的智慧，培植着种子，唤醒着孩子。孩子们心中的种子被不断唤醒，心中的百合正在慢慢地盛开，以自己灵性的洁白和秀挺的风姿，成为更精彩的自己！

（北京市和平街第一中学　何凤驰主任　张馨文主任）

不卑不亢　精彩绽放

孙老师是我校60位班主任中普通的一位，说她普通，是因为她像我们众多班主任一样守护着三尺讲台，事无巨细地做着班级日常管理工作；同时，她也是不平凡的一位。她是"北京市'紫禁杯'班主任一等奖"的获得者，她时刻用自己的言行诠释着一位优秀班主任对工作的热爱。孙老师有着文文静静的外表，就如同她的名字一样，但业务上却有着巾帼不让须眉的气势。

一、脚踏实地走好班级管理的每一步

我眼里的孙老师，几年如一日地教书育人，总是默默无闻地坚守，孜孜不倦地耕耘，每一步都是脚踏实地、一步一个脚印走下来的。她像极了路边的那些并不引人注目的牵牛花，没有牡丹的富贵，没有玫瑰的娇艳，沿着藤蔓一心一意努力生长。孙老师时刻谨记"心中有目标，眼前才会有方向"这句话。每学年、每学期、每月的工作，即使是每周一次的常规班会，她都会事先有规划，明确目标和想达成的效果。即使是班级卫生这样的小事，她也会分"指导—带领—放手"三步走，365天干净整洁的教室环境，令所有人交口称赞。

她的执行力很强。在她的工作准则中，执行力是一种文化，做法就是积极处理事情，绝不消极抱怨问题。为了形成班级的凝聚力，她不惜余力带领孩子们构建自己的班级文化，从手绘班徽、设计班级口号、栽种班花等小事、实事做起，让孩子们在体验中逐步形成向心力，在合作中培养凝聚力，真正做到了大手牵小手，一起阔步走。

二、以人育人做好班主任的每件事

无论是教师本职教学任务、班级日常事务管理、班级文化的环境布置以及教研组的工作，她说做就做，从不拖泥带水。她从来都是默默地完成任务并力争做到最好，且从不叫苦喊累。每一次的班级文化布置，她都投入了心血，可谓是用心良苦。除了教书，她一直在极力培养学生们坚毅的品格，这就是她努力营造班级文化环境的用心所在。

孙老师主张无为管理，大胆放手，给孩子们营造广阔的空间。就好像把每个学生都当成一株绿植来养，要坚信每种植物都有正确的生长方式，要努力摸索适合每个学生的独特道路，而不是盲目追随别人的脚步。她说"每种植物都有各自的喜好，每个孩子都有他展示才能的机会"，辩论赛、好书分享、演讲者、楼顶种植等活动的定期召开，让学生逐渐具备坚强、诚实、宽厚等美好的品格。这都是通过孙老师的言传身教和活动设计让学生耳濡目染而习得的。或许学生们现在不懂，但今后他们定会为此而受益一生。

三、心虔志诚对待工作中的每个人

当班主任走进了孩子的内心世界，才会发现教育无痕的魔力！她经常倾听学生的心声，主动了解学生在学习和生活中的难处，探寻学生问题背后的原因，并及时给予帮助。她会主动掏腰包为孩子们买奖品、买零食，甚至为家庭困难的孩子买衣服、鞋子，像个知心姐姐一样关爱着每个学生。

每次新学期开学时，整个班级的学生们都簇拥着她，欢呼"孙老师！我们想你啦！"我每次路过时，看到这样的场面，都会动容。这是付出真心与孩子相处的老师才可以收获的肯定，孩子们对爱的感受是最直接的。除了与学生相处，孙老师每天面对的还有学生背后众多的家长。在和家长的沟通中，为了能使谈话的效果最好，孙老师总能静下来，心平气和地寻找他们说话的核心问题，然后对症下药。多年以来，对待每一位家长与学生，孙老师都是平等的态度。良好的态度是相互感染的，家长们深知老师的辛苦。于是，家长们会自觉主动地配合她，一起为班级学生的进步而共同努力着。这也是孙老师的付出所收获的一份信任与美好吧！

孙老师这几年的努力，在教师职业上所获得的掌声，与她的付出是密不可分的。如今，孙老师慢慢成长，退去了稚嫩，多了几许成熟；她不卑不亢，努力带领班级学生们学知识、学做事与学做人；她在骨干教师队伍中鲜明的管理特点与公平待人的处事原则已经形成。

如果说每个人都是一束光，我盼望着孙老师是最亮的那束，温暖自己，照亮我校的班主任工作……

（北京市和平街第一中学　梁辉主任）

后 记

——致我从教路上重要的他人

从懵懂茫然到自信从容，在我的从教之路上有很多重要的他人。他们的信任、鼓励和支持让我步履坚定。提笔写这篇文章时，我心中有千万朵怒放的红莲，或热烈，或绮丽，或旷达，一时间内心深处的情感喷薄而出，流于笔尖。

感谢朝阳区教委、教工委主办的"双名工程"活动，给我机会，让我回顾并梳理自己的教育理念和教育故事，在此过程中，我以自己是一名人民教师为荣。

感谢我的学校、领导和同事。和平街第一中学，让我在"和睦同心，和合一致，和衷共济，和谐发展"的"和"文化浸润中坚守学校的工作原则，努力做到"精确目标，精心设计，精细实施，精品呈现"。陈秀珍校长的大校风采是和一的精神，她强大的气场不失优雅，干练不乏温暖。是她给我们方向，让我们有奔跑的力量。殷桂萍副校长，充满智慧又平易近人。是她的包容和支持，让我走进校园，有幸成为一名教师；是她在从教之路上，帮我解惑，让我重拾信心，将阳光的心态传递给学生。我的同事们有着强烈的探究精神，这个和谐奋进的团队给我巨大的支持，让我得以和他们一起携手同行，这份强烈的归属感是同事们赠予我的。在和一的沃土上，我们一起生根、发芽，一起为和一的发展添砖加瓦。

感谢我的三位师父，大师父何国华老师、二师父梁辉主任和三师父张红教授。刚刚踏入校园，我在带班和学科教学中，都充满焦虑和无助。是我的大师父不嫌弃我的笨拙，手把手教会我如何带班，如何把控课堂。我像小尾巴一样，每天缠在师父身边，看她有序地带班，从容地授课。她教会学生好读书且在读书的过程中砥砺品行。我循着她的指引，在带班的过程中让孩子们懂得"先做人后做事的道理"。大师父是我坚实的依靠，有她在，我总是踏实的。我们畅谈工作，也闲话生活，在这个过程中，她所给我的指引远非言语所及。二师父梁辉主任高瞻远瞩、心怀大局。她总是看得很远，做得很实。她用自己的言行影响着我，让我从一个愤世嫉俗的自然人慢慢变得平和，接纳自己也欣赏他人，完成自然人到职业人的专业转变。在她面前，我是个耍赖的孩子，不管是工作中还是生活中的问题，我总会找到她，她也总能感同身受，给我诚实又有建设性的反馈，让我在前行的路上脚步坚定。三师父张红教授，是我敬仰且深深喜爱的人。五年前，我从二师父那里耳闻有这样一位温暖而有力量的专家，从此，只要有机会，二师父便会让我去听张教授的讲座。于我这样一个一线教师而言，她遥不可及，但我总会在台下如痴如醉地听她温婉的声音、感受她明媚的笑颜。名师展示活动中，得知自己有幸能被张教授指导的那一刻，我兴奋地跳了起来。越贴近，越真实，也越崇拜，她的谦和让我变得平静，她的智慧让我变得理性。对于师父们的感谢文字太过苍白，在此，再次向我的三位恩师致谢，感谢她们愿意慢下脚步引导我成长，让我脚踏实地并仰望星空。

感谢朝阳区特教教研员李文荣老师，是她给我机会让我得以进入自闭症研究小组，走进融合教育。我在学习功能性行为分析等专业理论中，得以理智地思考我的学生。我常叨扰李老师，向她请教班中孩子的行为问题。我佩服她，不仅因为她从孩子的简单动作中便能判断出问题并给出建议，更是因为她对教育葆有一颗公德之心。每每靠近她，我都能感到强烈的浩然正气。严寒酷暑，她频频返校指导教师，一心帮扶特殊儿童融入集体，岁月无言，却记录着她之道、她义。受她的影响，我在教书育人上有了自己的感悟和坚守。古语云："圣人无常心，以百姓之心为心。"面对我的学生，我会朝着"教师无常心，以学生之心为心"去努力，尊重天性，让每一个孩子绽放自己。

感谢我的学生及其家长。（5）班（2012届）的孩子向内要求自己，向外宽以待人，六年的教学相长是我珍贵的回忆。他们"聚是一团火，散则满天星"。（1）班（2018届）的孩子们用行动温暖着彼此，温暖着我。他们约定每天都要保护我，让我开心。两个班的家长团队是我坚实的后盾，我们心连心、手牵手，

后记

一起参与孩子的成长，引他们向善而行。家委会的精细分工让每一次班级活动都有趣、有意义。家长们积极参与"家长大讲堂"，每一次都是精品的呈现。我们在一次次的活动中一起收获团结向上的班集体。在此，感谢学生的喜爱和家长的支持！

时间在指尖中流逝，再回首，我已经不是初出象牙塔的新教师。一路走来，因为有这些重要的他人，我在爱和智慧中稳步前行，并努力丰厚自己。我将他们在日常工作中所教会我的理想信念、道德情操、扎实学识、仁爱之心传递下去，和同事们一起，努力培养一批批德行兼备、勇于创新的社会主义建设者和接班人！